U0020560

週年經典紀念版

課

Economics in One Lesson

經濟學

亨利‧赫茲利特（Henry Hazlitt）—— 著　　　羅耀宗 —— 譯

經濟趨勢 14

一課經濟學（50週年經典紀念版）

作　　　者	亨利·赫茲利特（Henry Hazlitt）	
譯　　　者	羅耀宗	
責 任 編 輯	林博華	
行 銷 業 務	劉順眾、顏宏紋、李君宜	
發　行　人	涂玉雲	
總　編　輯	林博華	
出　　　版	經濟新潮社	
	104台北市中山區民生東路二段141號5樓	
	電話：(02) 2500-7696　傳真：(02) 2500-1955	
	經濟新潮社部落格：http://ecocite.pixnet.net	
發　　　行	英屬蓋曼群島商家庭傳媒股份有限公司城邦分公司	
	台北市中山區民生東路二段141號11樓	
	客服服務專線：02-25007718；25007719	
	24小時傳真專線：02-25001990；25001991	
	服務時間：週一至週五上午09:30~12:00；下午13:30~17:00	
	劃撥帳號：19863813　戶名：書虫股份有限公司	
	讀者服務信箱：service@readingclub.com.tw	
香港發行所	城邦（香港）出版集團有限公司	
	香港九龍九龍城土瓜灣道86號順聯工業大廈6樓A室	
	電話：(852) 25086231　傳真：(852) 25789337	
	E-mail: hkcite@biznetvigator.com	
馬新發行所	城邦(馬新)出版集團 Cite(M) Sdn. Bhd. (458372 U)	
	41, JalanRadin Anum, Bandar Baru Sri Petaling,	
	57000 Kuala Lumpur, Malaysia	
	電話：(603) 90563833 傳真：(603) 90576622	
	E-mail: services@cite.my	
印　　　刷	一展彩色製版有限公司	
初 版 一 刷	2005年5月1日	
三 版 一 刷	2023年12月5日	

ISBN：978-626-7195-51-2、978-626-7195-52-9 (EPUB)　　版權所有·翻印必究

定價：380元

〈出版緣起〉
我們在商業性、全球化的世界中生活

經濟新潮社編輯部

　　跨入二十一世紀，放眼這個世界，不能不感到這是「全球化」及「商業力量無遠弗屆」的時代。隨著資訊科技的進步、網路的普及，我們可以輕鬆地和認識或不認識的朋友交流；同時，企業巨人在我們日常生活中所扮演的角色，也是日益重要，甚至不可或缺。

　　在這樣的背景下，我們可以說，無論是企業或個人，都面臨了巨大的挑戰與無限的機會。

　　本著「以人為本位，在商業性、全球化的世界中生活」為宗旨，我們成立了「經濟新潮社」，以探索未來的經營管理、經濟趨勢、投資理財為目標，使讀者能更快掌握時代的脈動，抓住最新的趨勢，並在全球化的世界裏，過更人性的生活。

之所以選擇「**經營管理—經濟趨勢—投資理財**」為主要目標，其實包含了我們的關注：「經營管理」是企業體（或非營利組織）的成長與永續之道；「投資理財」是個人的安身之道；而「經濟趨勢」則是會影響這兩者的變數。綜合來看，可以涵蓋我們所關注的「個人生活」和「組織生活」這兩個面向。

　　這也可以說明我們命名為「**經濟新潮**」的緣由──因為經濟狀況變化萬千，最終還是群眾心理的反映，離不開「人」的因素；這也是我們「以人為本位」的初衷。

　　手機廣告裏有一句名言：「科技始終來自人性。」我們倒期待「商業始終來自人性」，並努力在往後的編輯與出版的過程中實踐。

作者簡介

亨利・赫茲利特（Henry Hazlitt, 1894-1993），堪稱美國二十世紀最重要的經濟專欄作家，散播自由經濟理念給一般大眾，影響力既深且遠；《富比士》雜誌總編輯史提夫・富比士（Steve Forbes）尊稱他為「二十世紀最傑出的經濟新聞人」。他也是當代「自由人主義」（libertarian）運動的重要角色，奧地利經濟學派的大將。

　　他曾任職於《華爾街日報》、《紐約郵報》，後來為《紐約時報》撰寫經濟方面的社論文章，批評羅斯福政府政策不遺餘力。他曾在《紐約時報書評》大力推薦海耶克的《到奴役之路》，使其登入暢銷書之林；他也協助米塞斯（Ludwig von Mises）的《人的行為》等著作找到出版商出版。1946年到1966年，他在《新聞週刊》（*Newsweek*）闢設固定專欄，教育數百萬讀者了解經濟學的入門知識，以及自由經濟的觀念。

　　赫茲利特的第一本重要著作《一課經濟學》（*Economics in One Lesson*, 1946），一出版即成為暢銷書，至今銷量超過一百萬冊。他一生寫作不輟，共有18本著作和無數的評論文章，重要著作還有：《凱因斯經濟學批判》（*The Critics of Keynesian Economics*）、《道德的基礎》（*The Foundations of Morality*）等。

譯者簡介

羅耀宗，台灣清華大學工業工程系、政治大學企業管理研究所碩士班畢業、中央大學企業管理系博士候選人。曾任《經濟日報》國外新聞組主任、寰宇出版公司總編輯。所著《Google：Google成功的七堂課》獲中華民國經濟部中小企業處九十四年度金書獎。另著有《第二波網路創業家：Google, eBay, Yahoo劃時代的繁榮盛世》。譯作無數。曾獲時報出版公司2002年「白金翻譯家」獎。現為財金、商業、科技專業自由文字工作者、《哈佛商業評論》全球中文版特約譯者。

　　較重要譯作有《雪球：巴菲特傳》（合譯）、《坦伯頓投資法則》、《致勝》、《誰說大象不會跳舞：葛斯納親撰IBM成功關鍵》、《資訊新未來》、《科技活氧革命：資訊進入人性化的時代》、《明日引擎：以創意與研發贏得未來》、《數字的陷阱：解開12個數學的迷惑》、《富裕之路》、《解放型管理》、《浩劫1990》、《飛越1990》、《兩個幸運的人》、《意外的電腦王國》、《領導與整合》、《經濟學與法律的對話》、《標準普爾教你做好第一次投資》、《亞半球大國崛起》、《玩家外包》、《選擇的自由》、《統計的藝術》。

目　次

Part 1　這堂課的主旨

Part 2　課程的應用

Part 3　三十年後的這堂課

把經濟學思維裝進腦袋裡

楊少強（《商業周刊》副總主筆）

　　如果要選一本我最喜歡的經濟學書，答案就是《一課經濟學》！

　　有許多朋友曾問我，要讀哪些經濟學的書？筆者學識有限，沒有推薦別人讀書的資格。但出於熱愛，我都推薦他們《一課經濟學》。

　　這本書的價值，用經濟學就可以解釋：本書初版在一九四六年，至今仍不斷再版，顯示市場早已認可此書的地位。

　　每人時間有限，資源要花在邊際效益最高的用途。若想了解經濟學，已被市場與時間考驗過的《一課經濟學》，就是最優選擇。

　　但這本書價值還不只於此。作者赫茲利特提到，他寫此書是想透過分析各種政策，清除「似是而非的經濟謬論」。他還提醒我們：任何選擇不能只看短期效果，也要看長期；不能只看對特定群體的好處，也要看對全體的影響。

赫茲利特時代的經濟謬論，到21世紀的今天依然不死。例如最低工資，至今仍有不少人認為它可保障勞工。但作者告訴我們，這個政策的結果只是「用失業取代低工資」。

有些人認為，最低工資造成無法支付高薪的產業被淘汰，這反而是好事。但作者說該產業消失，一來受害的是其產品的消費者；二來該產業勞工也因此失業。同時該行業工資雖然低，卻是勞工在當時條件下的最優選擇。最低工資導致該行業消失，勞工只能去做比原來還差的工作，他們處境只會更糟。

又例如政府管制價格，官方相信行政力量可以阻擋價格上漲，於是祭出各種租金管制與價格上限。這種迷思也充斥在近來的「打房風」。赫茲利特用理論與實際數據告訴我們，這些管制或打壓，只會造成商品的稀缺更嚴重，價格上漲壓力會更大。這正是作者「清除經濟謬論」，與「不只看短期局部，也要看長期整體」思維的運用。

事實上《一課經濟學》提供的，不是標準答案，而是一種思考方式－－經濟學的思考方式。這本書表面上涵蓋各式主題，卻有兩個中心思想貫穿，首先就是「任何選擇都有代價」，除了那些看得見的效益，人們也要注意看不見的成本。

在「政府授信扭曲生產」一章，有人主張政府應對某些

產業提供貸款，「說穿了，這是看到 B，卻忘了 A。」赫茲利特說，當政府把資本塞進某些人手中，這些成果大家都看得到；但那些被排擠而無法得到資本的人，被大家遺忘了。

　　世上沒有白吃的午餐。當政府砸錢扶植某一產業，該產業華麗現身，但那些無法獲得資金的行業卻消失了。「只見新人笑，哪見舊人哭？」這些受害者沒人注意。但經濟學思維卻提醒決策者，政策是有代價的，切不可為了看得見的成果，忽視看不見的代價。

　　第二個中心思想是區分手段和目的：例如「盲目崇拜充分就業」一章。在赫茲利特時代，曾有名人主張某家廣播電台要給它倒，除非它能僱用兩倍以上的勞力。這種主張當時獲得同情，因為它是要「創造工作機會」。而官方也設立相關單位負責製造更多工作。

　　但赫茲利特指出，「文明的進步，是靠減少就業來推進的，不是靠增加就業。」能讓人們生活更好的，是更多的商品服務，也就是「財富」，而不是「就業」。

　　如果更多的就業沒有生產出更多財富－－例如官方今天僱人挖一個地洞，明天僱人把洞填平，就業機會是增加了，但人們享受到的商品服務並沒有增加。

　　同時，這種盲目崇拜就業的思維，反而會造成「工作越沒效率越好」。本來一件事只要一個人就能辦成，為了增加

就業機會，變成要兩個人辦。這就是把手段（就業）當目的（財富）。這不是文明的進步，而是文明的倒退。

《一課經濟學》透過這兩個中心思想不斷提醒我們：很多時候政府干預，往往帶來更糟的結果。這股源自「經濟學之父」亞當斯密（Adam Smith）的思潮，在當今世界仍極具時代意義。

試看如今各國政府對外發動貿易戰、科技戰，對內扶植高科技產業、灑錢做社會福利。碰到什麼問題，人們直覺反應就是要政府干預。赫茲利特時代流行的經濟謬論，今天未死反而更加興旺。正因為如此，我們更要讀《一課經濟學》，不要被這些謬論所誤，以致做出害人害己的決策，這是此書在21世紀的時代意義。

最後，筆者想談談這本書對我個人的影響。雖然筆者是學經濟出身，但慚愧的是，我在學校所學後來幾乎都還給老師了。直到我讀了《一課經濟學》，體會到這門學科具有的「簡潔是智慧的靈魂」－－將一個想法用簡練的語言表達出來，才有了新的認識。

這本書不會立刻幫助讀者功成名就，但它提供的思維模式，卻能讓人終生受用。本書譯者羅耀宗先生的中文翻譯十分到位，讀來流暢清晰。就算讀者沒有受過任何經濟學的專

業訓練，也不會有窒礙難懂的地方。

筆者曾讀過一句話：「世事有兩難，一是從別人口袋裡掏出錢來，二是把想法裝進別人腦袋裡。」這本《一課經濟學》，目的就是把經濟學的思維方式，裝進讀者的腦袋裡。我相信個人的生命終會消逝，但百年之後，仍然會有人在讀《一課經濟學》。

民國初年大文豪梁啟超曾推薦大家去做學問，因為這是最可長可久的趣味。「古書說的故事『野人獻曝』我是嘗冬天晒太陽的滋味嘗得舒服透了，不忍一人獨享。」梁啟超說，「但太陽雖好，總要諸君親自去晒，旁人卻替你晒不來。」現在，我也邀請各位一起讀《一課經濟學》，一起來晒晒太陽，感受一下它的趣味吧！

這真是一堂精彩絕倫的經濟學課

吳惠林（中華經濟研究院研究員）

　　出版社的編輯來電，希望我為本書寫一篇推薦序。當他說這本書是 1946 年出版，作者是位「自由主義份子」（libertarian），而且是「奧地利或奧國學派」大將時，我連書名和人名都沒仔細聽，二話不說就請對方寄來文稿，因為這麼早年的自由經濟作品，又是「道地的自由學派」（與當前的自由學派完全相反），我便認定是好東西。

　　文稿一到手，瞄到書名和作者的名字，直覺非常眼熟，碰巧轉動椅子面向背後的書架，一本袖珍本、老舊的英文原版書映入眼簾，竟然就是手中譯文的最原始版本第六版（1948 年）。那是 1995 年去世、台灣自由經濟前輩、可能是最早將奧國學派有系統引進台灣、也可能是台灣研究奧國學派（尤其是海耶克思想）最有成就的夏道平先生（1907-1995）留給我的。已記不得特別將該書封面朝外「直放」了多少年，也應是提醒自己記得看。想當初應該翻閱過才對，

但恐怕沒有看完全書，如今接到中譯本，冥冥當中似乎點醒
我到了仔細詳讀的時刻。

這本書原名*Economics in One Lesson*，作者是赫茲利特
（Henry Hazlitt）。乍看書名我直覺地作「經濟學用一堂課就
可以說完」的解讀，而出版社的譯名《一課經濟學》，顯然
是指本書內容只是經濟學裏的「一課」而已，因此也以「經
濟學最著名的一本入門書」稱之。當我讀完本書，覺得這兩
種詮釋各有千秋，就後者而言，由於作者在全書中只講了這
麼一件事：「經濟學的藝術，在於不只觀察任何行動或政策
的立即影響，更要看較長遠的影響；不只追蹤政策對某個群
體產生的影響，更要看對所有群體造成的影響。」因而可說
只有這一門課而已。至於前者說法，下文自有交代。

我們可以說得更坦白些，本書的焦點在評判「公共政策」
或政府政策的影響，而公共政策的影響應是全面性且長期性
的，但自1930年代末期凱因斯理論興起之後，由凱因斯的名
言"In the long run, we are all dead" 就可明白，著重的是「短
期」、「當下」或「立即」影響。當「總體經濟學」成為顯
學之後，凱因斯式的經濟政策就廣受各國政府愛用，政府乃
堂而皇之踏上經濟舞台且不旋踵就成為主角，於是「管制、
干預」就成家常便飯。溯及源頭，1930年代全球經濟大恐慌
是背景，而羅斯福的「新政」就是政府干預市場，甚至取代

市場的最佳典範。在那個集體主義、社會主義盛行的時代，凱因斯的政府規劃與經濟管制手段被海耶克（F.A. Hayek，1899～1992，1974年諾貝爾經濟學獎得主之一）認為正是把社會推向集權主義的利器，因為只有權力更加集中的政府，才有可能滿足社會的無饜需求。海耶克撰寫《到奴役之路》（*The Road to Serfdom*, 1944）苦口婆心剖析危機，不幸的是在當時被視為毒草，以致海耶克到美國也幾乎沒有機構敢收留，而赫茲利特不但干冒眾怒，還在《紐約時報書評》大力推薦《到奴役之路》，使其登上暢銷書之林，並且自己也寫作本書鼓吹奧國學派的思想，也就是散播自由經濟理念，可見赫茲利特對自由經濟的信心多麼堅強。

　　這本書以「一般性實例」（避免出現「過時」的時效性問題），將各個社會裏最常犯的二十來個錯誤迷思，以淺顯的筆調娓娓道來且一一破謎。由於赫茲利特任職於大報社，又為《紐約時報》撰寫經濟方面的社論文章，就更知曉如何撰寫讓一般讀者都能了解的文字，而且具備上乘的駕馭文字功力。他其實只是利用基礎經濟學的供需原理、機會成本、比較利益等最基本的原理來破解迷思，對於政府的穩定物價、一切為出口、關稅保護、拯救產業、房租管制、最低工資、通貨膨脹、重消費輕儲蓄等等大家耳熟能詳的政府管制政策予以拆解，指出謬誤。用「愛之適足以害之」、「到地

獄之路往往是好意所鋪成的」來形容赫茲利特對政策的效果之分析，是最貼切的。

　　我在1995年指導的一位碩士生在其碩士論文的感言中寫了這麼一段話：「回想當初，若我那天不去書店、若《人生經濟學》這本書的書名沒有『人生』這兩個字，若這本書不要這麼薄，我想我不會有興趣去翻閱的。因為閱讀之前，經濟學對我來說，似乎只是有關貨幣金錢分析的一門學科，並未引起我的注意。但是，在一口氣閱讀完這本小冊之後，卻完全使我對經濟學改觀，甚至燃起我去研究的強烈動機。」這段話套在赫茲利特這本書更為合適，雖然本書的篇幅是我那本小書的兩倍多，但即使是經濟學的門外漢，讀起來也是輕鬆愉快，也能發現什麼才是真正的經濟學，這也正是海耶克對本書的頌詞：「就我所知，當今找不到其他的書，能讓聰明的初學者，在那麼短的時間內，學到那麼多基本的經濟真理。」而1976年諾貝爾經濟學獎得主、當代自由經濟泰斗弗利曼（Milton Friedman），更盛讚本書是「經典之論：歷久彌新、正確無誤、一目瞭然。」並且弗利曼在1985年所說的：「……經濟學是一門迷人的學問。而最令人著迷的是他的基本原理如此簡單，只要一張紙就可以寫完，而且任何人都可以了解，然而真正了解的人又何其稀少。」赫茲利特就是這些稀少人物之一，本書正是證據，也就是我在上文所提

的「經濟學用一堂課就可以說完」之意涵。

最後，我忍不住呼應赫茲利特在本書第26章〈三十年後的這堂課〉前兩段所說的：

「本書第一版於1946年付梓上市。現在，寫這段文字，已經過了三十二年。這段期間，本書前面闡述的教訓，我們學到了多少？

如果我們指的是政治人物，也就是制定和實施政府政策的那些人，那麼他們根本沒學到什麼。相反的，本書分析過的各種政策，遠比第一版問世時要根深柢固和普遍存在，不只美國如此，世界上每個國家都不例外。」

我不但對這兩段話感同身受，也不禁感慨當代的凡人是多麼頑冥不靈、多麼自私自利！

重溫經濟學，就在這一課

薛琦（前台灣證券交易所董事長）

　　「一課經濟學」看書名很像一本教科書，但在 1996 年時，《富比士》（*Forbes*）雜誌的總編輯為它寫了一個五十週年版的前言。一本經濟學的通俗著作到今天竟然已存活了六十年，這可不容易。這本書主要在訴說古典經濟學的基本信仰、自由經濟的優越性，並以當時美國的新政、凱因斯的赤字財政以及許多對價格的管制措施為撻伐的對象，就更讓人好奇。它令人好奇的地方還不只如此。

　　這本書的年紀比我還大。在它初版問世十八年後，我也開始接觸經濟學。那可是規規矩矩地在經濟系，有最好的老師（施建生），用最好的教科書（施建生的《經濟學原理》以及 McConnell 的英文經濟學教科書）進入經濟學的世界。在課堂上，老師用幾條曲線就可以把市場裏商品價格與數量的變動講得那麼生動、神奇。甚至一度還認為以後可以去找某一個商品的邊際成本與邊際收益曲線，然後可以知道這個

商品的價格訂得對不對——當然是指這個老闆有沒有把商品訂在讓他賺最多錢的水準。這難道還不夠開心嗎？後來還唸了一系列統計、計量的課程，當然還包括財政、貨幣銀行、國際貿易等。但現在回想起來，當時生活在一個物質匱乏的時代，有就是好，今天多用（吃），明天就得少用（吃）。偶爾會碰到，咦，今天這東西怎麼變貴了？去銀行存錢只是為了安全，反正到學期結束買了回家車票後，大概也不必去煩惱存摺的錢還剩多少。我要說的是，在學校唸的雖然是經濟學——一個關係到整個經濟運作的科學，但實在不覺得經濟學跟自己的生活有什麼關係。

這情形到了研究所跟老師做研究，探討關稅有效保護的問題，也就是對A產品課了關稅，但不一定就表示這個產業享受到關稅保護，因為A產品可能用到B跟C產品當作原料或零件投入，而B與C可能課了更高的關稅，結果是成本上升，A產品真正享受到的關稅有效（淨）保護可能不是那麼高。經過反覆計算後，肥料竟然是個享受高關稅保護的產業，這也許是後來對國營事業印象不好的原因。這裏我學到了經濟學重要的一課：對某一個產業好，對其他產業未必就好；還有，因為出口可以退各種稅，以及享受優惠貸款，所以國內消費者的確有補貼出口的情形；再來就是，很多產品的國內外價差遠比關稅低，顯示關稅沒有必要訂那麼高。

　　七〇年代初到美國唸書，學到了兩個新的東西，一個是產業經濟，嚴格說來是產業組織理論，另一個就是對凱因斯或凱因斯學派的省思。前者可讓人了解市場運作的多樣性，更重要的是政府的產業政策充滿了矛盾及無效性。如果還有一些管制擺在那兒，最可能的情形是，它的影響不大，但可顯示政府的存在。

　　在大學唸凱因斯理論是從他的消費理論開始的，因為有了一個穩定的消費函數才有所謂的乘數。於是一個有趣的事情發生了：如果社會上發生了一件事影響了消費者自發性的支出（也就是不受消費者所得變動影響的部分），或者是投資減少了，那麼，透過消費者習慣上會把所得的某一比例用於支出，因為你的消費就是別人的所得，於是，所得會在消費者之間一個傳一個而大幅下降。這個消費函數構成了總體經濟理論很重要的支柱。如果說，有了凱因斯才有總體經濟理論，這說法並不為過。但美國經濟經過了五〇年代穩定成長，六〇年代貿易赤字與通膨的逐漸加溫，到了七〇年代，尤其在能源危機期間出現了令人受不了的停滯性通膨，開始有「反」凱因斯學派的聲音出現。其中有一派比較溫和，說有人把凱因斯的東西唸錯了，於是寫了一本「凱因斯學派的理論與凱因斯理論」（The Keynesian Theory and the Theory of Keynes）。另一派就講得很白了，像是理性預期學派認為政

府利用赤字財政刺激需求的政策若是被預期到，那是不會產生效果的。這對政府介入市場是一個很強的指控。這些重回古典經濟學的自由派學者經過不斷的辯證，讓證據講話，終於形成八〇年代供給面經濟學的興起，其實就是重新回到經濟學的根本——市場。或是重新問一個基本問題；什麼是經濟成長的目的？什麼是國家的財富？原來亞當·斯密的說法是對的：國家的財富就是那個國家老百姓的平均生活水準。要增加這項財富，就要增加生產、增加勞動生產力，除此之外別無他法。

這是一個基本的道理。如果政府的政策不管說得多好聽，但結果就是不能提高社會生產力，或讓整個國家的總生產增加，或是說，這個政策會使生產增加的速度慢下來，那麼，這些政策終究要讓整個社會付出代價。如果不是現在付，就是以後付。為什麼？

凱因斯的赤字財政政策是建立在整個經濟有過多的產能，但需求不足（暫不問原因）。為了不讓失業增加，何不用一些方法來增加需求，創造就業呢？至於物價，因為產能過剩，所以不會有通膨，這樣做有什麼不好？這時候有一個很關鍵的問題出來了：政府的錢要用到哪裏去？如果政府的每一個計畫都能做得很好，包括國營事業，那麼讓政府放手去做就是。計畫經濟，社會主義國家就是相信政府的決定比

市場好。可是真的是這樣嗎？事實是，政府的任何一項支出政策都要用到資源，而這些資源都會有其他用途（也就是機會成本）。任何一項管制政策都會影響到資源的分配。但是問題來了，政府的作為是否違反了自由主義的基本信念，也就是斯密所說的：「每一個人只要不違背公正的法律，都應該被允許用他自己的方法去追求自己的利益。」政府不斷介入市場運作的結果常常是保障了一部分人，或少數人的利益，卻讓大多數人付出代價，甚至還明顯傷害到許多原先想保障的人。政府對許多價格的管制都有這個問題，可是為什麼在不同的地方、不同的時間、不同的政府都重複在做同樣的事呢？理由不外是政府做的事很快就會看到結果，像蓋一座橋、一棟建築，但是，(1)這些建設是否真的是社會所需要的？(2)這些建設經費可能來自於社會上許多人一點一滴的付出，他們或者不覺得自己在付這些錢，或者，他們被剝奪了表示意見的機會。

好了，現在可以了解為何這本書可以存活超過半世紀。原來他在五、六十年前寫的東西，放在今天仍然非常好用。想想看，政府不都希望在推動公共建設上好好表現一下？政府現在不正是在大力推動五千億公共建設方案，我們不是也常常聽到要政府救這個、那個產業嗎？每次新台幣有升值壓力時，不是都一定有人警告這對出口、成長不利嗎？現在我

了解了，我們整個社會的經濟學水平是很低的，很容易被政府玩弄，當然，我們教經濟學的也要負很大的責任。

最後，對這本書有沒有什麼期許？有，一是它該被列為所有經濟學原理課程的補充讀物，二是所有政府官員在思考提出經濟政策之前該翻翻這本書，看看能不能說服自己那項政策的必要性。這本書的書名譯成「一課經濟學」，究其原意有「經濟學盡在這一課」的意思。這堂課是什麼？經濟學的是讓人不但看現在，更要看未來，不是只看特殊個體，需看全體，不要看輕人們那追求自利的心，好好引導可使其發揮作用，如果誤導會產生多大的破壞。好了，一定有人又要說：「在長期，我們都死了」（In the long run we are all dead），不要忘了，我們的子孫還要活下去（Our children will live on）。

晶瑩剔透的鑽石

熊秉元（前台大經濟系教授）

十餘年前，初看《一課經濟學》（*Economics in One Lesson*）這本書時，覺得是鑽石般的智慧結晶。十餘年後，再看這本書的中文版時，感覺依然如此。這確實是一本好書。

十多年前，對「公共選擇」理論很著迷，涉獵了一些相關的書籍。除了教主布坎楠（J. Buchanan）的著作之外，印象最深的，是兩本小書。一本，是歐肯（A. Okun）的《平等與效率》（*Equality and Efficiency: The Big Tradeoff*，中譯本經濟新潮社出版）；另外一本，就是赫茲利特（Henry Hazlitt）的《一課經濟學》這本書。這些年來，對於這兩本書，腦海裏一直有鮮明的印象；而且，三不五時，總會在不同的場合，引述這兩本書的智慧結晶。

歐肯是總體經濟學者，曾經擔任美國總統的經濟顧問，長期參與公共政策的規劃和諮商。當他快退休時，以平實的

筆觸，把多年的體會、娓娓道來。書中的許多觀察，都一針見血，發人深省。譬如，他提到，對於保障基本人權，現代國家責無旁貸；然而，在諸多基本權利裏，要先保障哪些權利呢？

譬如，在「言論自由」和「免於饑餓的自由」這兩者之間，何者為先？為什麼？歐肯筆鋒不帶情感的點出：保障免於饑餓的自由，要耗用可觀的資源；即使最富裕的西方社會，也多半只是口頭上說說而已，或者只能局部做到。相反的，要實現言論自由，只要政府不干涉，花費極為有限。因此，現代社會，保障言論自由的多，保障免於饑餓自由的少，有以致之。

同樣的道理，運用教育經費時，在正常教育和特殊教育（資優生和弱勢生）之間，比例該是多少？為什麼？依此類推，在教育和交通建設之間，預算該如何分配？在環境保護和經濟發展之間，優先次序又是如何？顯然，考慮具體的公共政策，不能靠直覺、想當然耳，而必須面對所涉及的成本效益。也就是，思考公共政策的曲折良窳，最好有一套平實有效的分析工具。歐肯的叮嚀，值得長留耳際。

相形之下，赫茲利特不是學院派出身，而是自修成功的經濟評論家；他念茲在茲的，是把經濟分析的結晶，傳遞給讀者大眾。他的書名，直截了當；而他的中心思想，也可以

一言以蔽之：好的經濟學者，除了注意短期的效果之外，也會注意長期的效果（short-run vs long-run）；除了注意局部的影響之外，也會注意全面（partial vs general）的影響；除了注意直接的因果關係之外，也會注意間接（direct vs indirect）的因果關係。

然而，這種體會，雖然明快，卻像是巍巍而立的骨架（skeleton）；有了實際案例為血肉（meat），才能相得益彰——而在書中，赫茲利特用大部分的篇幅，不厭其煩，一而再、再而三的讓事實來說話。不過，書裏所舉的例子，大部分是關於經濟活動。他的體會，事實上適用的範圍非常廣。

蒲士納法官（Judge Richard Posner）的名著《法律的經濟分析》（*Economic Analysis of Law*）裏，有很多令人意外、似乎違反常情常理的例子。其中之一，是關於以分期付款買家電傢俱時，處理逾期未繳的官司。很多美國大型百貨公司，都提供分期付款，讓顧客先享受、後付款，能擁有冰箱、沙發等用品。可是，如果分期付款逾期不繳，廠商就認定顧客違約；一方面收回貨品，一方面沒收已繳金額，或只退回象徵性、微不足道的金額。甚至，如果冰箱的分期付款逾期，廠商可能把同廠牌的電視也一起收回。

消費者認為權益受損，打官司告廠商以強凌弱，契約條件過苛。有些法院果然判消費者勝訴，認定款項遲付時，即

使廠商收回商品轉售,也只能扣去「合理的」費用。蒲士納指出,這種判決,看似保護消費者,其實是只見輿薪,反而會斲傷消費者的福祉。

對買賣雙方而言,交易是合則兩利。會遲付違約的消費者,主要是中低收入戶、單親家庭、或經濟上較為弱勢的群體。廠商也想提供產品,賺這些人的錢。可是,為了降低呆帳壞帳的風險,就想出看似嚴苛的「回收條款」。一旦法院認定廠商違法,廠商沒有辦法自保,對這些人只好不再提供分期付款。結果,法院看似公正的判決,其實直接的傷害了經濟上最弱勢的群體。

因此,好的經濟學者,不能只看短期、直接、局部的影響,而要考量長期、間接、全面的效果。好的法官,顯然也是如此;而好的政策制定者、好的政治家、好的企業家,當然都該如此。歐肯和赫茲利特這兩本書,除了內容引人入勝、令人深思之外,還有進一步的涵義……

對於經濟學,一般人往往認為和圖形數字、金融貨幣密不可分;然而,兩本小書的內容,卻把經濟分析平實深刻的呈現出來。經濟學的道理,樸實無華;經濟分析適用的範圍,無遠弗屆。幾十年來,有無數的經濟論著;然而,兩本小書經得起時間的考驗、歷久彌新,正是為經濟分析的平實有力作了歷史的見證。

　　雖然兩本書處理的問題，都和一般民眾息息相關，兩位作者卻沒有以先知的姿態，揭櫫經濟分析的真知灼見，呼籲大眾聆聽教誨。絕大多數的經濟學者，也是如此；他們著重於分析事情的原委（is），而不輕易指引應然的（ought to）方向。他們比較不像手裏捧著聖經的牧師，宣揚福音；他們比較像拿著望遠鏡和放大鏡的旁觀者，希望摸清事物的原委，然後據實以告。

　　兩本書的重點，都和公共政策有關。經濟學的基本觀念，雖然曉白易懂；可是由大眾的認知、到影響具體的公共政策，卻是一個遲緩艱辛的過程。這兩本書值得世世代代的公民閱讀，直到書中的體會和提醒，確實能使公共政策免於浪費無稽而後已。

　　五十年前初版時，《一課經濟學》是一顆智識上的明鑽（It is a gem!），現在依然如此；五十年後，發行百年紀念版時，希望這顆鑽石閃耀的，是一種更成熟的光芒！

課

Economics in One Lesson

經濟學

註釋說明：

1. 書中註釋 *, ** ⋯⋯為作者或譯者所作。

2. 註釋 1, 2, 3 ⋯⋯為 Laissez Faire Books 的五十週年紀念版所加，

　　多為迄至1996年的資料數字。

五十週年紀念版前言

　　近來不少大事都屆滿五十週年——投擲原子彈、硫磺島登陸戰役、第二次世界大戰歐洲勝利日以及對日戰爭勝利日，還有布列敦森林（Bretton Woods）制度。我們藉由亨利・赫茲利特（Henry Hazlitt）名作的五十週年紀念版，來紀念另一件事。談經濟學如此簡明清楚有力的這本書，自出版以來，已經過了五十年。我們敢說，它形塑了這個世界。

　　赫茲利特在《一課經濟學》（*Economics in One Lesson*）一書中，給了我們強大的火力，去和今天曖昧不明、大謬不然的經濟智慧奮戰。就這一點來說，他可說是個辯士，對於醒目而且普遍存在的每一個重大的經濟謬論侃侃而談，並且一一加以駁斥。他告訴我們，為什麼保護性關稅保護不了什麼人，為什麼最低工資法反而傷害它們想要造福的對象，為什麼政府試著穩定和管制價格，反而導致價格失控。在這麼做的同時，他也揭櫫不受政府干預的自由市場最能造福和改

善社會的觀念。

在經濟學日益推崇「新政」（New Deal）的那段期間，赫茲利特卻奮起成為自由市場最成功的擁護者之一，也是反對凱因斯學派最力的人士之一；凱因斯（John Maynard Keynes）的學說當時正引導著美國的經濟政策。赫茲利特擔任《紐約時報》（*The New York Times*）社論主筆期間，令羅斯福政府頭疼萬分。擔任《國家》（*The Nation*）文字編輯期間，大談特談經濟事務，同樣令他的編輯頭疼萬分。1946年到1966年，他在《新聞週刊》（*Newsweek*）開設固定專欄，教育數百萬讀者了解經濟學入門知識，以及政府的各種干預行動徒勞無功的觀念。他是我們這個時代的指針。我們十分懷疑，是不是有其他任何經濟學作者，擁有像他那樣的資歷。

魯威格・米塞斯（Ludwig von Mises）稱他為「我們的領導人」。海耶克（Friedrich Hayek）對他讚譽有加。不輕易開口讚美他人的孟肯（H. L. Mencken），尊崇赫茲利特為「人類歷史上極少數文采斐然的經濟學家之一」。但是赫茲利特並不是經濟學家，至少，正式的資歷稱不上。他的牆壁沒有掛上博士證書，甚至連學士證書也沒有。赫茲利特對這個世界的運作方式，抱持一顆永無饜足的好奇心，自行研習之下，對基本經濟學的了解之廣之深，令人驚異不置。

　　赫茲利特的正式學歷不高，只在紐約市立學院念了一年半的書。也許正因為沒在學術界耳濡目染，所以他能對經濟學洞察入微。他的見識，在《一課經濟學》中展露無遺。這本書的書名已經告訴我們，它是入門書。

　　赫茲利特在本書一開頭就提到「破窗戶」的寓言。這個寓言，和亞當・斯密（Adam Smith）的製針工廠、佛烈德瑞克・巴斯夏（Frederic Bastiat）的「請願書」（Petition）、柏拉圖（Plato）的「洞穴」（Cave），重要性等量齊觀。赫茲利特的這堂課指出，我們的社會目光如豆，未能看到任何一種經濟行動的全部後果。已經發生的事情，人們看得十分清楚，沒有發生的事情，卻很少加以考慮。

　　這則寓言，以及《一課經濟學》整本書的要旨，是「經濟學的藝術，在於不只觀察任何行動或政策的立即影響，更要看較長遠的影響；不只追蹤政策對某個群體產生的影響，更要看對所有群體造成的影響」。

　　經濟謬論四處可見，原因在於人是自私的動物，通常無法以合適的客觀態度，討論經濟問題。群眾煽動家和壞經濟學家能夠蠱惑人心，是因為他們推銷的觀念，不全然欺瞞不實；他們講的話，畢竟帶有幾分真理。閱讀赫茲利特這本書，不少樂趣來自於他用客觀的態度，探討他想談的主題，而且試著將全部的真理，攤開在我們面前。

戰後的歐洲必須重建，帶來經濟進步（「生產奇蹟需要靠戰爭才能實現」），人們為此興高采烈，赫茲利特卻粉碎了「有破壞才有繁榮」的想法。赫茲利特解釋巴斯夏「看不見的事物和看得見的事物同等重要」的道理。他揭穿通貨膨脹帶來進步的假象。翻開這本書沒多久，他就用簡潔的筆觸，說明賽伊法則（Say's Law）——供給會創造本身的需求。

《一課經濟學》讀來妙趣橫生，因為，正如孟肯說過的，赫茲利特真的能寫。這位作者用最清晰流暢的筆觸，直指傳統經濟思想主要信條之非。他言簡意賅地指出，為什麼這些教條在實務上和原則上都錯了。關於令人額手稱慶的充分就業，他指出，少了充分就業，不能達成充分生產，但是即使沒有充分生產，也能達成充分就業。我們的注意焦點，一定要時時放在成長和生產上面。省力機器不但不會造成失業，更能創造更多更好的工作。他堅信穩健的貨幣政策十分重要，所以特別提到政治人物喜歡通貨膨脹，並且說明為什麼「它那蠱惑人心的論調，吸引一國又一國走上經濟災難之路」。

可嘆的是，赫茲利特直斥其非的每一個新經濟學教條，在今天仍繼續以某種面貌抬起頭來。如果國際貨幣基金（IMF）和世界銀行（World Bank）一流的官僚讀過這本書，就不會建議俄羅斯採行可能重返獨裁政權的政策。要是「專

家」懂得經濟學的基本原理，墨西哥政府對於必然招致災難
的披索通貨膨脹政策，可能會三思而後行。

但是赫茲利特的著作，並不是完全沒有發生作用。雷根
總統執政時期，經濟急劇擴張，這本書協助奠定知識理論基
礎。赫茲利特1993年辭世，能夠見到他的理念在1980年代
的經濟進步過程中得到掌聲，一定相當滿足喜樂。《一課經
濟學》的觀念，也在書店得到了掌聲，從五十年前第一版問
世以來，銷售量已突破一百萬冊。

赫茲利特對「新政」思想的抨擊，招來其擁護者的白
眼。他1959年發表《「新經濟學」敗筆》（*The Failure of the
"New Economics"*）這本精彩好書，不遺餘力批評凱因斯的
《就業、利息與貨幣通論》（*General Theory of Employment,
Interest and Money*），更加觸怒凱因斯的信徒，引來他們的抗
議聲浪。這是意料中事。赫茲利特曉得他撥動了一根神經。
他當然不敢妄想得到主流派和文化菁英的接納。今天，他在
這些人心目中的地位，從最新一版的《巴特利名人語錄》
（*Bartlett's Familiar Quotations*, 1992）或許可見一斑。傑出的
溝通高手雷根只被引用三次，卡特總統卻有六次之多！《巴
特利》的編輯坦承他不喜歡雷根。可憐的赫茲利特，可說是
二十世紀最傑出的經濟新聞人，在這本書裏面，卻找不到他
的大名。但是凱因斯爵士被引用了十二次。

　　赫茲利特之長，反成了他的麻煩。他的觀念，不管是從前，還是現在，都相當激進（用這個詞最莊嚴的意義來說）。他的觀念，首先直探任何一種命題的根源，再從那裏往前推進。赫茲利特對於邏輯和理性的執著，可以說明為什麼他的著作經得起五十年的考驗，也是為什麼我們要紀念這本書出版五十週年的原因。願它經得起更多年的考驗。

　　　　　　　　　　　　史提夫・富比士（Steve Forbes）

　　　　　　　　　　富比士總裁暨《富比士》雜誌總編輯

　　　　　　　　　　　　　　　　　　1996 年 1 月

新版序

本書第一版於1946年出版，有八種翻譯版本，也有許多種平裝版。1961年的平裝版，加入了新的一章，探討租金管制。第一版時並沒有特別考慮將它從一般的政府價格管制措施中分離出來。我還更新了一些統計數字和說明用的參考資訊。

此外，其他內容並沒有更動，直到這一版。主要的原因是我不覺得有必要。拙著是為了強調一般性的經濟原理，以及忽視它們會吃到哪些苦頭，並不是要探討特定的法律會造成哪些傷害。雖然我的說明主要是根據美國的經驗，但是我所非難的政府干預行動，國際化程度相當高，許多外國讀者對於其本國的經濟政策，一定深有同感。

不過，三十二年過去了，現在我認為應該大規模修訂。除了更新全部的內文和統計數字，也就租金管制，寫了全新的一章；1961年版的內容，似乎已經不合時宜。我也加進新

的最後一章「三十年後的這堂課」，說明為什麼今天上這堂
課，比從前更為迫切需要。

亨利・赫茲利特

康乃狄克州威爾頓（Wilton）

1978 年 6 月

第一版序

　　本書的主旨在分析一些經濟謬論。這些謬論流傳到後來，竟然積非成是，四處可聞，大有搖身而為新主流的架勢。而阻礙它們成為新主流的原因，在於它們本身就自相矛盾。自相矛盾的謬論，令接受相同前提的人，本同末異，分成一百種不同的「學派」，理由很簡單：和現實生活有關的事物，不可能一直錯下去。但是一種新學派和另一種學派的不同點，只不過在於一群人比另一群人更早醒悟，看出錯誤的前提帶來的荒謬結論，並在那個時候變得無所適從，不是不知不覺間捨棄了錯誤的前提，就是把邏輯拋諸腦後，接受從它們而來的結論，讓自己不再惶惶不安或欣喜若狂。

　　但是此時此刻，世界上找不到一個主要國家的政府，沒有接受其中的若干謬論，而且經濟政策即使不完全由它們決定，也受到它們的影響。剖析這些錯誤，尤其是衍生它們的核心錯誤，也許是了解經濟學最快和最透澈的方式。本書的

內容，以及看來有點狂妄、挑釁的書名，正是基於這樣的假
設。

因此，本書主要屬闡釋性質，而且不敢說書內解釋的任
何主要觀念具有原創性。反之，本書著眼於揭示許多觀念雖
然經過翻新，卻只不過是換了新包裝的古老錯誤，也進一步
證明「不記得過去的人，活該重蹈覆轍」這句箴言所言不
虛。

我想，本書內容可以臉不紅氣不喘地稱之為「古典」、
「傳統」和「正統」；至少這是我所要分析的那些詭辯，無
疑會想要加諸本書的形容詞。但是想要盡可能探求真理的學
生，不會被這些形容詞嚇跑。他不會永遠想要尋找革命性
的，或者「全新起步」的經濟思想。他當然能夠接納老觀念
和新觀念；但是他不會不眠不休，或只是為了炫耀，而一味
追尋新奇和原創。莫里斯・柯恩（Morris R. Cohen）說過：
「以前所有思想家的看法，我們都能推翻，想到這一點，我
們就不敢奢望自己的作品對別人會有任何價值。」*由於本書
是闡釋性的作品，所以我能如釋重負，不必詳盡地引經據
典，一再表示某些觀念來自某人（極少數的註腳和引言除
外）。一個人所寫的領域，已有其他許多好手涉獵，難免會

---

* *Reason and Nature* (1931), p.x。

發生這樣的事。但是在特定的層面，至少有三位作者，我必
須致以謝忱。他們的名字，不能不提。在本書內容所繫的闡
釋性架構方面，最要感謝的是佛烈德瑞克・巴斯夏
（Frederic Bastiat）所寫，將近有一世紀之久的〈看得見與看
不見〉（Ce qu'on voit et ce qu'on ne voit pas）一文。本書其實
可說是巴斯夏這篇文章所用方法的現代化、延伸、概化的版
本。第二位要感謝的人，是菲力浦・魏克斯提（Philip
Wicksteed），尤其是談工資的章節和最後總結那一章，他所
著《政治經濟常識》（The Common Sense of Political Economy）
一書，啟發良多。第三位要感謝的人，是米塞斯（Ludwig
von Mises）。這本粗淺的入門著作，每一個地方可能都要感
謝他的一般性作品，特別要感謝他對於通貨膨脹擴散過程所
作的說明。

　　分析謬論的時候，我覺得還是少指名道姓為妙。如要指
名道姓，就得公平對待被批評的每一位作者、非常精確地引
用他所講的話、考慮他特別強調的這一點或那一點、他所提
出的限定條件、他個人的語義曖昧不明或前後不一之處等
等。因此，書內沒有提及卡爾・馬克思（Karl Marx）、索斯
坦・韋伯倫（Thorstein Veblen）、梅傑・道格拉斯（Major
Douglas）、凱因斯爵士（Lord Keynes）、艾爾文・韓森
（Alvin Hansen）教授和其他人，但願讀者不會太失望。本書

的目的，不在揭露特定作者犯下的特別錯誤，而是要談最常
見、最普遍、影響力最大的那些經濟謬誤。謬論一旦流行開
來，便不再和任何人有太大的瓜葛。做為傳播源頭的作者，
身上那些細微隱晦的特質，本來面目便不復可見。於是相關
的教條理論被簡化了；可能被埋藏在一堆限定條件、模稜兩
可語句或數學方程式中的詭辯，赫然清晰可辨。因此，但願
沒有人因為書內討論的流行教條理論，和凱因斯或其他某位
作者所提的教條理論不完全相同，而說我處理手法不公。本
書感興趣的是政治影響力強大的群體持有的信念，以及政府
據以採取行動的信念，而不是那些信念的歷史源頭。

最後，書內極少引用統計數字，但願讀者見諒。談到關
稅、價格管制、通貨膨脹，以及管制煤、橡膠、棉花等商品
所產生的影響，動輒以統計數字為佐證，將使本書的內容大
幅膨脹。此外，身為新聞人，我十分清楚統計數字很快就會
過時，被更新的數字所取代。對特定的經濟問題感興趣的讀
者，最好是去看當時針對它們所作的「實況」討論，統計數
字擺一邊參考；用學到的基本原理去正確解讀統計數字，這
一點不會太困難。

我盡量把這本書寫得簡單，避免過分技術性，也力求合
理準確，好讓還不熟悉經濟學的讀者也能充分理解。

雖然本書自成一個單元，卻有三個章節曾以獨立文章的

形式發表。感謝《紐約時報》（*The New York Times*）、《美國學者》（*American Scholar*）、《新領導人》（*New Leader*）准許這些文章重刊於本書。感謝米塞斯教授閱讀手稿，並且提出實用的建議。書中表達的各種看法，責任當然完全在我。

亨利・赫茲利特

紐約

1946年3月25日

Part 1

這堂課的主旨

第 1 章

我們這堂課

　　經濟學充斥的謬論，多於人類已經知道的其他任何學問。這絕非偶然，因為這門學科內在的困難度本來就高，再加上特殊的自利欲求，更使它難上加難。反觀物理學、數學、醫學等其他的領域，自利欲求這項因素可說無足輕重。每一群人，都有一些經濟利益和其他所有的群體完全相同，但是就像本書將提到的，每個群體也各有一些利益，和其他所有的群體相互牴觸的。雖然有些公共政策長期而言對每個人都有利，卻也有一些政策，有利於某一群體，相對地犧牲其他所有的群體。受惠於這些政策的群體，由於攸關本身的直接利益，當然振振有詞、鍥而不捨地主張通過實施。它會設法徵聘一流的人才，投入全部的時間，力陳己見。最後，它不是說服一般大眾同意它言之成理，就是刻意混淆視聽，讓人不可能清楚地思考相關主題的是非曲直。

　　除了漫無止盡的自利欲求，還有第二個重要因素，每天

孕育著新的經濟謬論，那就是：人總是傾向於只看某個政策的立即影響，或者對某個特殊群體產生的影響，而不去探究那個政策除了對特殊的群體，也對所有的群體造成什麼樣的長遠影響。忽視次要的結果，是人們常犯的謬誤之一。

好經濟學和壞經濟學的分野正是在這裏。壞經濟學家只看到觸目所及的事情；好經濟學家卻看得更遠。壞經濟學家只觀察計畫中的行動產生的直接結果；好經濟學家還會著眼於更長遠的間接結果。壞經濟學家只注意政策對某個特殊群體已經產生或者將要產生的影響；好經濟學家還會去深究政策對所有群體產生的影響。

兩者的差別看來很明顯。探討某個政策對每個人產生的所有影響，似乎應該是個基本動作。大家不是都知道，日常生活中，貪圖一時的縱慾享受，往往惹來慘不忍睹的後果？每個小孩不是都知道，糖吃太多對牙齒不好？喝得酩酊大醉的人，不是都知道隔天早上醒來肚子一定不舒服，而且頭痛欲裂？酒鬼不是都知道，酒喝多了會傷肝，會縮短自己的壽命？唐璜難道不知道他陷自己於遭人劫掠和染患疾病等種種風險之中嗎？最後，拉回經濟學，但還是和個人有關的——游手好閒和揮霍無度的人難道不知道，濫吃濫用的結果，將會面臨負債累累、窮途潦倒的一天？

但是當我們踏進公共經濟學的領域，這些基本真理卻遭

人視而不見。今天，被譽為傑出經濟學家的一些人，為了挽救國家的經濟於不墜，竟然出言反對儲蓄，建議大手筆支出。有人指出這些政策的長期後遺症，他們卻像不務正業的浪子，反譏苦口婆心的父親說：「何必看得那麼遠？真要看得遠些，人必有一死，還有什麼好計較的？」*如此淺薄無知的俏皮話，卻被人奉為辛辣的雋語和圓熟的智慧，傳承了下來。

不幸的是，事實恰好相反，我們早已受害於遙遠的過去或者最近的過去所採行政策的長期影響。壞經濟學家昨天要我們視若無睹的明天，轉眼間成了今天。有些經濟政策的長期影響，可能不出幾個月就水清石見；其他一些政策，也許需要好幾年之後才雲開見日。或許，更有些政策的影響，得等上數十年之久才能明朗。不過，不管如何，政策一定含有長遠的影響，就像蛋會生雞、種子會開花那麼必然。

因此，從這個角度來看，整個經濟學可以簡化為一堂課，這堂課更可以化為簡單的一句話：經濟學的藝術，在於

---

* 譯註：這裏引用的是經濟學家凱因斯（John Maynard Keynes）的名言「長期來說，我們都死了」（In the long run we are all dead）。凱因斯相信，經濟會自我矯正的古典觀念是錯的，所以警告說，耐心等候終會到來的復甦，是徒勞無功之舉。要讓經濟再度動起來，唯一的方法，是實施財政政策，增加政府支出，給經濟注入活力。

不只觀察任何行動或政策的立即影響，更要看較長遠的影響；不只追蹤政策對某個群體產生的影響，更要看對所有群體造成的影響。

2

經濟謬論對今天的世界造成那麼可怕的傷害，追本溯源，十之八九是因為忽視了這個教訓。那些謬論全都來自兩大謬論之一，或兩者兼而有之：只看行動或計畫的立即影響，以及只看特定群體所受的影響，而忽視其他的群體。

當然了，我們也有可能犯下相反的錯誤。考慮一項政策的利弊得失時，不應該只顧它對整體社群產生的長遠影響。古典學派經濟學家常犯這種錯誤。結果，能夠產生長遠淨利益的一項政策或者開發計畫，縱使會立即傷害到某些群體，他們也表現出某種冷漠、不以為意的態度。

但是今天犯下這種錯誤的人，相對屬於少數，其中又以專業經濟學家為主。放眼所及，只重視政策對特殊群體產生的短期影響，而忽略或輕視整體社群所受的長期影響，是到目前為止最常見的謬誤，也是論及經濟事務時，幾乎每一句對話，一而再再而三出現的謬論，更是無數次政治演說中大言不慚的謬見，以及「新」經濟學似是而非的核心詭辯。

「新」經濟學家自鳴得意,以為和「古典」或「正統」經濟
學家使用的方法比起來,這是一大進步,甚至是近乎革命性
的發展,因為他們考慮了後者經常忽視的短期影響。然而他
們本身卻忽略或輕視長期的影響,結果犯下更為嚴重的錯
誤。他們鉅細靡遺、絲毫不差地檢視特別的樹木,卻對整片
樹林置之不理。他們使用的方法和得到的結論,經常是應接
如響的被動式反射動作。他們有時驚訝地發現自己竟和十七
世紀的重商主義聲氣相投。事實上,古典經濟學家已經徹底
擺脫的種種古老錯誤(但願如此),他們無一不犯(如果他
們不是那麼前後矛盾的話,就算現在沒犯,將來也會犯下那
些錯誤)。

3

　　人們經常語重心長地說,壞經濟學家向大眾推銷謬論,
講得比好經濟學家陳述真理更精彩生動許多。人們也經常指
責,擅於煽動人心的政客,談到經濟,即使滿嘴的胡說八
道,也是台上講得口沫橫飛,台下高聲叫好,比起肯講真心
實話的人直斥其非,更能博得滿堂采。為什麼會這樣?其實
沒有什麼好奇怪的。群眾煽動家和壞經濟學家,都只講一半
的真相。他們只談政策提案的立即影響,或者對單一群體造

成的衝擊。光聽他們的話，也許言之成理。這種情況下回應
的方式是，點出政策提案也會帶來比較長遠和不好的影響，
或者，某個群體身受其利的同時，卻犧牲了其他所有的群
體；也就是說，必須用另一半的真相，來補足和矯正另一半
的真相。但是要把計畫中的行動方案，對每個人產生的所有
主要影響講清楚、說明白，往往需要大費唇舌，進行冗長、
複雜、枯燥的連鎖推論。大部分聽眾很難把那些連鎖推論聽
進耳裏，很快就感到無聊和心不在焉。壞經濟學家十分清楚
人們懶得動大腦思考，所以他們安撫聽眾，說根本不用勉強
自己去聽那些推論或者就事論事，因為那只是「古典主
義」、「自由放任主義」、「資本主義的辯證術」，或盡情濫
用他們覺得有效的其他任何語彙。

　　前面所談的，是用抽象的辭彙，說明這堂經濟課的特
質，以及從中作梗的種種謬論的特性。但是，除非用例子來
解說，否則我們無法徹底了解這堂課，各種謬論也會繼續蔓
延開來。經由這些例子，我們可以從最初級的經濟問題，談
到最複雜和最困難的經濟問題。透過這些例子，我們可以先
學習如何察覺和避開最粗淺及最顯而易見的謬誤，最後則是
察覺和避開最複雜和最難以捉摸的謬誤。二話不說，我們現
在翻開下一頁。

Part 2

課程的應用

第2章

破窗戶

我們從一個最簡單的例子談起。和法國經濟學家巴斯夏（Frederic Bastiat）一樣，我們從一塊破玻璃開始。

一名小混混撿了一塊磚頭，砸破了麵包店的窗戶。店家氣沖沖衝出來，小壞蛋早就一溜煙跑得不見人影。人群慢慢聚攏看熱鬧，目光集中在窗戶上的破洞，以及散落在麵包和蛋糕上的玻璃碎片。不久，人們覺得有必要來點哲學上的省思。幾個人相當肯定地彼此提醒，也告訴麵包店的店家：凡事要往好處去想，這件不幸的意外，也有它的光明面，因為某家玻璃店將有生意可做。他們愈想愈深入。一片新玻璃窗需要多少錢？250美元？可真不少。畢竟，要是玻璃永遠都不會破，那麼玻璃業吃什麼？一路推論下去，當然沒完沒了。玻璃店多了250美元，可以用來向其他商家買東西，這些商家的口袋裏多了250美元，又可以向別的商家買東西……以下依此類推，永無盡頭。也就是說，小小一片破窗

戶，能夠源源不絕供應資金和就業機會給愈來愈廣大的圈子。人群因此做出合理的結論：丟磚頭的那名小混混，不但不能說是社會的亂源，更應該被譽為造福人群的大恩人。

我們來更深入探究這件事。人群所作的第一個結論是對的。沒錯，這件小小的破壞行為，一開始會給某家玻璃店製造生意上門的機會。玻璃店聽到這件不幸事故，臉上的同情，不會多於殯葬業者聽到有人往生的消息。但是麵包店家少掉的250美元，本來是打算拿去買一套新西裝。換了窗戶玻璃，出門就沒新西裝可穿（或者沒有其他的奢侈品可用）。他原來有一扇窗戶和250美元，現在只剩下一扇窗戶。或者，在他準備去買西裝的那個下午，就算不是同時擁有窗戶和西裝，他也很高興維持原來的狀態：有窗戶、沒西裝。如果我們把他想成是社群的一員，那麼整個社群失去了一套本來會存在的新西裝，所以變得比以前貧窮了。

簡單的說，玻璃店新接的生意，只是從裁縫師傅損失的生意那邊得來的。整個過程，沒有增添新的「就業機會」。看熱鬧的那些人，只想到交易雙方——麵包店和玻璃店。他們忘掉可能涉及的第三人——裁縫師傅。他們完全忘掉他，是因為他現在不會躍上檯面。再過一兩天，他們會看到新窗戶，但絕對不會看到多了一套西裝，因為那套西裝永遠不會做出來。他們只看到觸目所及的東西。

第3章

禍兮福所倚

　　談完「破窗戶」這個粗淺的謬論，我們可能以為，任何人只要稍加思索，一定不會發出這種謬論。事實上，戴上一百種假面具的破窗戶謬論，是經濟史上最為冥頑不靈的謬論，尤其現在更比以往任何時候還猖狂。每一天，工業鉅子、商會、工會領袖、社論主筆、報紙專欄作家、廣播電台和電視台的評論員、學有專精且運用最先進技術的統計專家、一流大學的經濟學教授，都一而再，再而三，不斷慎而重之，重彈這個謬論。他們用種種不同的方式，侃侃而談破壞行為所帶來的好處。

　　雖然其中有些人不屑去談小小的破壞行為可以帶來淨利益，但他們認為巨大的破壞行為，會帶來幾乎不可限量的利益。他們告訴我們，與和平比起來，戰爭對我們的經濟有利得多。他們見到的「生產奇蹟」，需要靠戰爭才能實現。而且他們見到，這個世界因為龐大的需求「累積」或「堵塞」

而繁榮。二次世界大戰結束後，歐洲興高采烈地清點被夷為平地、需要「換新」的房子和城市。在美國，他們清點戰爭期間無法興建的房子、不能供應的尼龍襪、用壞的汽車和輪胎、過時的收音機和電冰箱。他們算出來的總數，高得嚇人。

那只不過是我們的老朋友——破窗戶謬論——穿上新衣服而已，而且胖得令人認不出它本來的面目。這一次，一堆相關的謬論為它撐腰。它把需要（need）和需求（demand）混為一談。戰爭摧毀愈多，世界變得愈窮，戰後需要的東西愈多。這話一點也不錯，但是「需要」不是「需求」。有效的經濟需求，不只必須出於有需要存在，也必須有等量齊觀的購買力才行。印度今天的需要遠高於美國的需要，但是它的購買力，以及因此能夠刺激的「新商業」，卻遠低於美國。

不過，就算跨過了這一點，又有可能犯下另一種謬誤。發表破窗戶謬論的人，通常是箇中高手。他們只從金錢的角度去思考「購買力」。其實，只要擁有印鈔機，不愁沒錢。撰寫本書時，印鈔票是世界上規模最大的行業——如果以金錢來衡量「產品」價值的話。但是用這種方式，印製的鈔票數量愈多，單位貨幣的價值跌得愈多。貨幣價值下跌的程度，可以用商品價格上漲多少來衡量。但是大部分人積習難

改，只用金錢來衡量自己的財富和收入，所以只要金錢總額
增加，就以為自己過得更好，而不管他們擁有的東西是否變
少，能買的東西也變少了。人們認為是二次世界大戰帶來了
「好」經濟結果，其實大多是戰時的通貨膨脹造成的。承平
時期等量齊觀的通貨膨脹，同樣能夠帶來這樣的結果，也的
確曾經產生這些結果。稍後我們還會回過頭來談這種金錢幻
覺。

　　「需求堵塞」這種謬論，和破窗戶謬論一樣，只講出一
半的真相。破窗戶的確給玻璃店帶進更多的生意。戰爭造成
的破壞，也的確給若干產品的製造商帶進更多的生意。房子
和城市毀壞，的確為營建業創造更多的商機。戰爭期間沒辦
法生產汽車、收音機和電冰箱，確實為那些特殊產品帶來累
積性的戰後需求。

　　在大部分人看來，這像是總需求增加了，這有一部分是
因為單位貨幣的購買力降低了。但是主要的原因，是需求從
其他地方轉向這些特殊的產品。歐洲人蓋的新房子多於生產
其他的產品，因為他們非這麼做不可。不過，在他們興建更
多房子的同時，生產其他產品可用的人力和產能，減少的幅
度一樣多。他們買了房子之後，其他產品的購買力減少幅度
也一樣多。某方面的業務增加，其他方面會相對減少（但是
有一樣東西除外：欲求和急迫感激發出更多的生產活力）。

　　簡單的說，戰爭改變了戰後的努力方向；改變了各行各業的均勢；改變了工業的結構。

　　二次世界大戰後的歐洲，不管是慘遭戰火蹂躪的國家，還是未受戰火洗禮的國家，「經濟成長」都相當快速，甚至十分驚人。德國等一些國家，遭受破壞最為嚴重，成長得比破壞輕微許多的法國等國家要快。部分原因是因為西德採行較為健全的經濟政策，部分原因是亟需恢復正常的居住和其他的生活條件，刺激人民更加的努力。但這並不表示，財物毀損對失去財物的人有利。沒有人是因為重建的需要能夠激發出自己的鬥志，而故意把自己的房子燒掉的。

　　戰爭結束後，通常會有一段時間激起人們旺盛的精力。湯瑪斯・麥科利（Thomas Macaulay）在《英格蘭史》（*History of England*）著名的第三章開門見山這麼寫道：

　　一般的不幸事件以及政府治理失當，陷一國於水深火熱的程度，比不上實體知識不斷進步，以及人人不斷努力改善自身的生活，從而促進國家繁榮的程度。我們經常發現，揮霍無度、課徵重稅、荒謬的商業限制、貪瀆腐化的司法體系、傷亡慘重的戰爭、叛亂、迫害、烈火、洪水，摧毀資本的速度，比不上人民努力創造資本之快速。

　　沒有人會願意自己的財物毀於戰火或承平時期。個人所遭遇的傷害或災難，對於整個國家（個人的集合體）也是一樣有害的。

　　經濟推理最常見的許多謬論，是源於人們傾向於用抽象的方式——集體的「國家」——去思考，忘記或忽視了組成它的個人和給它意義的個人。這種情形在今天尤其顯著。如果一開始就從財物遭到毀損的個人角度去思考的話，沒有人會認為戰爭造成的破壞對經濟有利。

　　認為戰爭造成破壞會提高總「需求」的人，忘了需求和供給就像硬幣的兩面，其實是同一樣東西，只是從不同的角度去看而已。供給會創造需求，因為歸根究柢它是需求。人們生產、供應他人東西，其實是為了交換他們想要的東西。因此，農民供應小麥，是因為他們需要汽車或其他的產品。所有這些，是現代分工和交易經濟體系的本質。

　　這個不爭的事實，卻因為工資支付等複雜的機制，以及幾乎所有的現代交易，都以金錢為媒介間接進行的形式，而矇蔽了大部分人（包括被譽為傑出的經濟學家們）。約翰·彌爾（John Stuart Mill）*和其他的古典經濟學家，雖然有時未能充分體認使用金錢造成的複雜後果，至少他們能透視

---

* 譯註：十九世紀的英國哲學家和經濟學家。

「金錢面紗」，看到根本的現實狀況。就這一點來說，他們比今天批評他們的許多人更勝一籌；後者被金錢搞糊塗，而不是從中得到啟發。單純的通貨膨脹——也就是發行更多的貨幣，造成工資和物價上揚——看起來也許像是創造了更多的需求。但從實際的產量和實體物品的交易來看則不然。

生產力被摧毀多少，實質購買力就被摧毀多少。這件事應該十分清楚明白才對。談到這一點，由於通貨膨脹，以金錢表示的產品價格或「國民所得」會上升，我們不應該因此而自欺欺人或者被蒙蔽才是。

有時人們會說，德國人或日本人相對於美國人擁有戰後優勢，因為他們的老舊工廠在戰時被炸彈完全摧毀，可以更換最現代化的廠房和設備，因此和美國比較老舊、半過時的廠房與設備比起來，他們的生產效率更高、成本更低。但如果這真的是明顯的淨優勢，美國人大可立即拆除老舊的廠房、丟棄所有老舊的設備，輕而易舉沖銷日本和德國享有的優勢。事實上，所有國家的所有製造商，都可以每年拆毀所有老舊的廠房和設備，另外興建新的廠房和安裝新的設備。

廠房、設備都有最適當的汰換率，也就是最佳的汰換年限，這是再簡單不過的事實。只有在製造商的廠房、設備因為老化和過時，價值變成零或者負值，正要找人來拆除，並且訂購新的設備之際，炸彈剛好落下來，摧毀他的廠房、設

備，才真的對他有利。

沒錯，如果廠房、設備以前的折舊和過時沒有適當地反映在他的帳簿上，那麼財物的毀損，看起來也許不像表面上那麼嚴重。新廠房、設備的存在，也的確會加快舊廠房、設備的過時速度。如果擁有舊廠房、設備的製造商想要繼續使用下去，超過了利潤最大化的期間，那麼廠房、設備被摧毀，將帶來比較利益（comparative advantage），或者，講得精確一點，可以減低他們的比較損失（comparative loss）。

因此，我們得到一個簡短的結論：廠房毀於炮彈和炸彈絕非有利，除非那些廠房因為折舊和過時，已經變得一文不值，或者價值為負。

不過，以上的討論，略過了一個核心事實。廠房、設備沒辦法以個人（或社會主義政府）之力去汰換，除非他或它已經擁有儲蓄或者能夠取得儲蓄，也就是累積資本，才有辦法汰換。但是戰爭摧毀了累積下來的資本。

也許會有一些補償性的因素存在。比方說，戰爭期間的科技發現和進步，可以在某個時點提高個人或國家的生產力，整體的生產力可能不降反升。戰後的需求型態，絕對不會和戰前的需求型態一模一樣。但是這些錯綜複雜的發展，不應該轉移我們的注意力，看不出這個基本的真理：大肆破壞具有價值的任何東西，都會造成淨損失、不幸、災難，而

且不管特定的狀況能有什麼補償性的利益，總的來說，絕對
不會是一種恩賜或者福報。

第4章

要推動公共建設，就得繳稅

今天，世界上沒有一種信念，比對政府支出懷抱的信念更堅定不移和影響重大的。不論在什麼地方，政府支出都被視為萬靈丹，能夠治好所有的經濟弊病。民間工業景氣遲滯不前？只要政府肯花錢，問題保證解決。有人失業？這顯然是「民間購買力不足」造成的。解決辦法同樣一清二楚：只要政府花夠多的錢，補其「不足」就行。

不計其數的文獻，都以這個謬論為基礎，寫得天花亂墜。而且，和這類教條經常發生的事情一樣，它也成為一張盤根錯節的謬論網中的一部分，和其他的謬論彼此唱和。本章沒辦法探討整個謬論網；後面還會再談其他相關的謬論。這裏只談孕育其他無數謬論的謬論之母，也就是謬論網的主幹。

除了大自然的免費恩賜之外，我們取得的每一樣東西，都必須以某種方式付出代價。在這個世界，所謂的經濟學家

多如過江之鯽，他們的腦子裏，多的是享用免費午餐的各種
辦法。他們告訴我們，政府可以一再花錢，卻不必課一毛錢
的稅；可以繼續累積債務，卻永遠不必償還，因為「錢是我
們欠自己的」。後面我們還會再來談這類奇特的論調。這裏
恐怕必須毫不留情地指出，過去的這種美夢，已經被若干國
家宣告破產或者通貨膨脹飆升所粉碎。我們只需要指出：政
府所有的支出，最後都必須以稅收來支應；通貨膨脹本身只
是一種課稅的形式，而且是特別邪惡的課稅形式。

讓我們把政府經年累月借款以及通貨膨脹這類的謬論暫
留待後面再討論，本章先將「政府馬上就要支出，以及最後
勢必支出的每一塊錢，都必須從課徵一塊錢的稅而來」這樣
的看法視為理所當然。一旦我們用這種方式來看事情，所謂
的政府支出奇蹟，就會大大遜色。

為了執行基本的政府職能，若干數量的公共支出缺之不
可。為了提供基本的公共服務，若干數量的公共建設（例如
街道、橋樑、隧道、軍械庫、海軍基地、議會大廈、警察局
和消防局）不可或缺。這些公共建設本身有其需要，而且單
單因為有需要，所以必須存在。因此，我要討論的，不是這
方面的建設，而是將公共建設當作一種手段，用以「提供就
業」，或為社群創造本來不會產生的財富的這類例子。

如果興建橋樑是為了滿足民眾殷切的需求，也就是能夠

解決難以解決的交通問題或運輸問題，或者，如果全體納稅人覺得興建橋樑非常有必要，比不向他們課稅，讓他們自行把錢花在別的地方要好，那麼興建橋樑就不會引起反對聲浪。但是為了「提高就業機會」而興建的橋樑，卻是很不一樣的橋樑。當提供就業機會成了目的，是否需要興建橋樑，就成了次要的考量。這時，政府必須無中生有，端出各種「公共建設計畫」。他們不再只考慮應該把橋建在什麼地方，而是開始問自己：橋可以建在什麼地方。他們能夠找到理由自圓其說，說為什麼需要再造一座橋，把河東和河西連接起來。沒多久，這座橋就非建不可了。那些心存懷疑的人，則被斥為搗蛋份子和反動份子。

為了造橋而造橋，有兩種論調產生。其一主要是在造橋之前聽到的，其二主要是在完工之後聽到的。第一種論調指出，造橋可以提供就業機會，例如，一年創造五百個工作機會。他們的言下之意是說，不造這座橋，就沒有這些工作可做。

這種說法，只是從他們觸目能及的角度出發。如果我們學會不只看眼前的事物，更懂得著眼於次要的結果，也就是不只觀察直接受益於政府建設計畫的人，也考慮間接受到影響的人，那麼，一幅不同的畫面就會映入眼簾。沒錯，一群造橋工人可能比別人有更多的工作機會。但是造橋的錢必須

用稅收來支應。每花一塊錢造橋，就得向納稅人課徵一塊錢
的稅。要是這座橋得花一千萬美元，納稅人的口袋就會少掉
一千萬美元。被拿走的這些錢，他們本來可以花在自己覺得
最需要的東西上面。

因此，造橋工程每創造一個工作機會，就會減少其他地
方的一個工作機會。我們看得到橋上雇用的人，看得到他們
忙著工作。於是，主張政府支出能夠創造就業機會的論調，
生動活潑地呈現在我們眼前，大部分的人可能都深信不疑。
但是有些東西我們看不到，因為它們根本沒有機會存在。這
些看不到的東西，是從納稅人的口袋拿走一千萬美元之後，
消失不見的工作。造橋工程不過是使就業機會轉向而已。造
橋工人雖然增加了，但汽車工人、電視機技工、成衣工人、
農民的人數減少了。

橋終於建好了，第二種論調緊接著上場。假設橋造得並
不難看，相當漂亮。這得歸功於政府支出的神奇魔法。要是
那些搗蛋、反動份子得遂所願，哪有這座橋矗立在那邊？少
了這座橋，這個國家當然比較貧窮。

因此主張政府支出的人，得以說服那些目光如豆，只能
看到肉眼所及事物的人。他們看得到橋樑。但如果他們教會
自己，除了看直接的結果，也看間接的結果，那麼透過想像
力之眼，他們也能看到沒有機會存在的那些可能性。他們看

得到沒有蓋好的房子、沒有生產出來的汽車和洗衣機、沒有做出來的洋裝和外套、沒有種出來和賣出去的食物。要看到這些沒有被創造出來的東西，得靠某種想像力，可惜許多人缺乏想像力。這些不存在的物體，也許曾經閃過我們的腦海，卻不像每天上班通過的橋樑，時時被我們放在心上。實際發生的事，只是犧牲了某樣東西，把另一樣東西創造出來而已。

2

當然了，同樣的道理也適用於其他每一種形式的公共建設。例如，動用公共資金興建住宅，供低收入戶居住。這麼做，只不過是用課稅的方式，將錢從所得較高的家庭那裏拿走（也可能從所得較低的家庭那裏拿走一些），強迫他們補貼政府選定的低收入家庭，讓後者以相同的租金或比以前低的租金，住得更好。

我無意討論興建國民住宅的種種贊成和反對意見，只想指出，贊成興建國民住宅最常提到的兩種說法，其實大謬不然。其一是它能「創造就業」；另一是它能創造本來不會產生的財富。這兩種論調都虛幻不實，因為它們忽視了課稅造成的損失。為了興建國民住宅而課稅，固然能在住宅營建部

門創造工作機會，其他部門卻損失同樣多的工作機會。結
果，有些私人房屋沒有蓋起來，有些洗衣機和電冰箱沒有生
產出來，也有其他數不清的商品和服務無法提供。

　　有人振振有詞地表示：興建國民住宅不需要一次撥一大
筆錢，靠每年的租金和補貼就能蓋好。這樣的說法並沒有回
答上面的問題，因為只是把納稅人的負擔分散到許多年，而
不是集中在一年。這種技術上的細枝末節，和主旨無關。

　　興建國民住宅產生的一大心理利益，是看到有人在工地
蓋房子，以及看到完工後的房子。住在裏面的人，得意洋洋
地帶領朋友參觀每個房間。為了蓋這些房子而課稅，因此損
失的工作機會卻沒人看到；無法生產的產品和提供的服務，
也沒人看到。我們必須絞盡腦汁，才能思考沒有被創造出來
的那些財富；每次看到那些房子，以及住在裏面、幸福快樂
的人，就更需要多加把勁，才有辦法去想像。主張興建國民
住宅的人，指著眼前的國民住宅，駁斥那些想像出來、不存
在的事物，說那只是純理論上的反對聲浪。他們的所言所行
令人驚訝嗎？蕭伯納（Bernard Shaw）寫的《聖女貞德》
（*Saint Joan*）一劇中，有個人聽到畢達哥拉斯（Pythagoras）
的理論，說地球是圓的，而且繞著太陽轉，他說道：「真是
笨得可以！他不會用自己的眼睛去看嗎？」

　　類似田納西谷管理局（Tennessee Valley Authority）那麼

浩大的建設計畫，我們必須再次運用相同的推理。這項工程十分龐大，發生視覺錯覺的危險更甚於其他。這裏有個巨大的水壩，由鋼和混凝土構成，展現一座驚人的弧狀建築，「比民間資本能夠建造的任何東西都偉大」，是攝影師的聖地、社會主義者的天堂，也是最常被引述的公共建築、所有權、營運奇蹟的象徵。這裏有巨大的發電機和電力房。據說，整個地區的經濟水平提高了，吸引本來沒看到的工廠和產業相繼進駐。一群人興高采烈，歌功頌德，說這裏製造了淨經濟利益，當然有利無弊。

我們不談田納西谷管理局或者類似的公共建設的價值。但是這一次，我們需要特別努力運用想像力，去看帳面上的借方項目。似乎極少人能夠辦到這件事。如果政府從個人和企業課稅，把錢集中花在國家的某個地方，使得那裏變得相對富裕，那有什麼好令人驚訝的？為什麼應該視之為奇蹟？不要忘了，這麼一來，其他地方變得相對貧窮。「民間資本建造不出來」的偉大建設，實際上正是用民間資本建造的——利用向民間徵稅，得到資本去建造的（如果是發行公債借錢的話，最後還是得靠課稅去償還）。同樣的，我們必須發揮想像力，才看得到那些不存在的民間發電廠、民宅、打字機和電視機。它們不存在，是因為全國各地人民身上的錢，都被拿去建設適合拍照的諾里斯大壩（Norris Dam）。

3

　　我刻意選擇十分叫好的公共支出計畫做例子，那是因為，主張政府支出的人，最常呼籲，也最熱心敦促政府推行這些計畫。一般民眾對它們也是讚譽有加。本章並沒有提到其他成千上百件雜七雜八的計畫；它們在推動的時候，目標總是千篇一律的「提供工作機會」和「讓人們有工作可做」。至於計畫本身是不是有用，正如前面所說，反而成為次要的考量。此外，公共工程計畫愈浪費、運用的人力成本愈高，提供更多就業機會的目標愈能達成。這種情況下，政府官僚構思的公共建設計畫，每花一塊錢所提供的財富和福祉淨增幅，極可能低於納稅人不必被迫交出一部分的所得給國家，而可以自行購買或製造本身需要的東西時的情況。

第5章

課稅抑制生產

　　還有另一個因素，使得政府支出創造的財富，不可能完全補償為了支出而課稅所破壞的財富。它並不像人們常說的，只是把國家的錢從右邊口袋掏出，放到左邊口袋那麼簡單的問題。比方說，主張政府支出的人告訴我們，如果國民所得一年是1兆5,000億美元，聯邦稅收是3,600億美元，那麼只有24%的國民所得，從私人用途移轉到公共用途。[1] 這種說法，好像把整個國家當成資源匯聚一處的巨大公司，以及資源移轉只是帳面上的交易而已。主張政府支出的人，忘記他們是從A那裏拿錢，才有錢給B。或者，他們十分清楚這件事，卻大談這個過程給B帶來利益，以及美妙的事情將

---

[1] 1989年美國的國民所得是6兆2,000億美元（以1993年的幣值為準）。稅收為2兆4,000億美元，約為國民所得的40%。（資料來源："What is the Optimal Size of Government?" Gerald W. Scully, NCPA Report No. 188, November 1994。）

發生在他身上，而如果沒有把錢移轉給他，這些美妙的事情
將不會發生，完全忘了這筆交易對 A 產生的影響。他們看到
B，忘掉了 A。

　　現代世界中，並非每個人的所得稅率都一樣。所得稅負
的重擔，落在占國民所得很低比率的一部分人身上，而且必
須用其他不同類別的稅收來彌補所得稅的不足。這些稅負不
可避免地會影響錢被拿走的人表現出來的行為和動機。如果
一家公司經營發生虧損，每賠一塊錢，就得足足損失一塊
錢，而每賺一塊錢，只准留下52美分，而且不能用適當的方
法，拿幾年來的虧損去沖抵幾年來的獲利，這家公司的經營
政策就會受到影響。它不會去努力擴張營運活動，或者，它
只擴張風險最低的營運活動。察覺到這種狀況的人，當然不
願意開創新的事業。因此，老雇主不再增雇員工，或者不想
增雇那麼多員工；其他人則根本不樂意當雇主。機械更精
良、設備更先進的工廠，增加得遠比應有的水準緩慢。長期
下來，結果是消費者買不到本來可以買到的更好、更便宜的
產品。實質工資則低於本來可以達到的水準。

　　針對個人所得課稅50％、60％或70％，也會產生類似的
影響。人們會開始問自己：為什麼一年當中得為政府作牛作
馬六個月、八個月或九個月，只剩六個月、四個月或三個月
的所得供自己和家人使用？賠錢的時候，全部損失算在自己

頭上，賺錢的時候，只能留下一小部分利潤，他們會認為，拿自己的錢去冒這種險，未免愚不可及。此外，可用來冒險的資本也會大幅減少，因為資本還沒有累積，就已經被徵收走了。簡單的說，可以用來創造民間部門新就業機會的資本，一開始就不得其門而入，無法存在，而能夠進入的資本，又缺乏創設新事業的誘因。主張政府支出的人，宣稱他們的用意是要解決失業問題，到頭來反而製造出失業問題。

為了執行基本的政府職能，某種數量的稅收當然缺之不可。用於這個目的的合理稅收，對生產不會造成太大的傷害。政府回過頭來提供的服務，除了具有保護生產的作用，還能回饋更多。但是稅負占國民所得的比率愈高，民間生產和就業受到的抑制愈大。等到總稅負大到超過能夠忍受的程度，想要設計稅制使不致抑制和干擾生產，恐怕也為時已晚了。

第6章

政府授信扭曲生產

政府給予企業「獎勵」，有時和政府扳起臉孔一樣令人害怕。所謂獎勵，經常是以政府直接授信（貸款）或者民間貸款保證的形式表現出來。

政府授信的問題，通常相當複雜，因為涉及通貨膨脹的可能性。關於通貨膨脹造成的各種影響，相關的分析且留待後面一章再討論。本章為了簡化起見，先假設我們討論的信用（credit）不具通貨膨脹效果。後面我們會提到，通貨膨脹雖然使得相關的分析變得複雜，卻不會從根本上改變所討論政策的實施結果。

這方面，國會經常端出的方案，是增加對農民的貸款。在大部分國會議員眼裏，農民取得的貸款總是不夠多。民間抵押貸款公司、保險公司或鄉村銀行提供的信用，永遠「嫌少」。國會老是尋尋覓覓，尋找目前的貸款機構還沒有填補的新缺口，而不管它已經替農民找到了多少貸款。農民可能

有了夠多的長期貸款或短期貸款，卻發現「中期」貸款不夠多；或者利率太高；或者抱怨民間貸款只授予富裕且根基穩固的農民。因此，國會一而再，再而三，努力給農民安排更多新的貸款機構和新的貸款類別。

人們對所有這些政策深懷信心，追本溯源，起於兩種井蛙之見。一種是只從借錢農民的立場來看事情，另一種則是只思考交易的前半部。

在誠信正直的借款人眼裏，所有的貸款，最後都必須償還。所有的信用都是債務。因此，提高信用數量的提案，只是提高債務負擔提案的代稱。如果我們養成習慣，使用第二個名稱，而不是第一個名稱，相信它的吸引力一定會大大降低。

我們不需要討論民間機構提供給農民的一般貸款。這些貸款包括抵押貸款；購買汽車、電冰箱、電視機、牽引車、其他農業機械的分期付款貸款；幫助農民在收成和銷售穀物前周轉的銀行貸款。本章只需要探討若干政府機構對農民的直接貸款或保證貸款。

這些貸款分成兩大類。一種用以幫助農民暫時不將穀物上市銷售。這是傷害力特別強的貸款，但是留待後面討論政府實施商品管制措施時，再談這件事比較方便。另一種貸款用於提供資金——往往是為了協助農民立業，讓他們買得起

農場、騾子或牽引車，或三者都買。

　　乍看之下，這類貸款似乎非做不可。主張提供貸款的人會說，這裏有個貧窮的家庭，缺乏謀生的工具。任令他們靠救濟金過活，未免過於殘忍和浪費。協助他們買座農場，取得立足之地，一起投入生產，成為有尊嚴的公民，為全國的國內生產毛額盡一分心力，並從他們的產出清償貸款。或者，那裏有位農民，還在使用原始粗糙的方法耕種，因為他手邊的資金不夠買輛牽引車。何不好心一點，借給他錢去買一輛？有了牽引車，他就能提高生產力，並靠增加的收穫量所賺來的錢還本付息。這麼做，不只能讓他生活富裕和自力更生，也因為產出大幅增加，而使整個社群更加富有。主張貸款的人振振有詞地作結論說，政府和納稅人根本不必負擔成本，因為那是「自償性」貸款。

　　事實上，民間信用機構正是這麼做的。假設有個人，想買農場，手上的積蓄卻只有農場價格的一半或三分之一。鄰居或儲蓄銀行可能借他不足之數，但以農場做為抵押。如果他想買牽引車，牽引車公司或金融公司可能允許他先付三分之一的頭款，把牽引車開回家，其餘的尾款則以牽引車協助創造的收入，分期償還。

　　但是民間金主和政府機構提供的貸款，兩者截然不同。每個民間金主都是拿自己的資金去冒險。（銀行拿去冒險的

錢，是別人託付給它的；萬一錢賠掉了，它必須用自己的錢去墊付，或者關門大吉，結束營業。）當人們拿自己的錢去冒險時，通常會慎重其事地調查抵押品的適足性（adequacy），以及借款人的經營能力和誠信。

如果政府依照同樣嚴格的標準辦理貸款作業，根本就沒必要踏進這一行。為什麼要去做民間機構已經在做的事？但是政府一向是以不同的標準辦事。政府踏進貸款業所依據的理由，是要借錢給那些向民間機構借不到錢的人。換句話說，民間機構不肯拿自己的錢去冒的險，政府機構願意拿別人（納稅人）的錢冒險。有些時候，為政府政策辯護的人，承認政府的貸款發生損失的比率高於民間貸款。但是他們辯稱，那些有借有還，甚至大部分有借無還的借款人，所增加的產出，抵銷損失仍有餘。

只有當我們將注意焦點放在政府資金的特定借款人，忽視那些被政府計畫剝奪資金的人，上面的說法才顯得有道理。政府真正借出去的不是錢，而是資本，因為錢只是交易的媒介。（我已經提醒讀者，關於信用擴張引發的通貨膨脹效果，將留待稍後再討論。）真正借出去的，是農場或牽引車等資本。農場的數目有其上限，牽引車的產量也是一樣（尤其是假設牽引車的經濟剩餘，不只是犧牲其他事物而生產出來的）。把農場或牽引車借給 A，就沒辦法借給 B。因

此真正的問題是：到底是 A，還是 B，應該得到農場？

於是我們要問 A 和 B 的相對價值，以及每個人對生產貢獻了什麼，或者有能力貢獻什麼。假設政府不插手干預的話，A 會得到農場。當地的銀行或鄰居都認識他，曉得他以前的紀錄。他們想要活用手上的資金，知道他是誠信正直的好農民，言出必行。他們覺得，值得在他身上冒險。也許他因為胼手胝足、克勤克儉、眼光過人，存下了足夠的錢，有能力繳納農場四分之一的價款。於是他們借他另外四分之三的錢，幫助他擁有自己的農場。

每個地方的金主，都有個奇怪的想法，以為信用是銀行給某個人的。恰恰相反，信用是人已經擁有的東西。一個人有信用，也許是因為他已經持有的有價資產，其現金價值高於他想取得的貸款。或者，是因為人品高尚和過去的紀錄，讓他獲得信用。他帶著信用，走進銀行。這是銀行願意借錢給他的原因。銀行絕對不會毫無來由地就借錢給人家。只有在銀行對借款人的還款能力感到安心的時候，才會把錢借出去。銀行只是把流動性較高的資產或信用，換成流動性較低的形式。有時它難免犯錯，這樣一來，不只銀行身受其害，整個社群也受害，因為借款人理當生產的價值沒有生產出來，資源被浪費掉了。

接續上面的假設，擁有信用的 A，是銀行願意借錢的對

象。但是政府抱著樂善好施的心情踏進貸款業，因為我們說過，它關懷B的處境。缺乏信用的B，沒辦法從民間金主那裏取得抵押貸款和其他的貸款。他沒有儲蓄，缺少令人印象深刻的優良農民紀錄，也許正靠著救濟金過活。主張授予政府信用的人說，為什麼不借他夠多的錢，幫助他創業，去買農場、騾子或牽引車，成為社會上有用並能夠生產的人呢？

就個別的案例來說，或許行得通。但是整體而言，依政府的標準選定的授信對象，風險顯然高於依民間標準選定的授信對象。借錢給他們，勢必損失更多的錢。欠債不還的比率，一定高出許多。他們的效率肯定比較低。更多的資源會被他們浪費掉。可是，獲得政府信用的人，將買到他們的農場和牽引車，本來能夠獲得民間信用的人，反而得不到。B有了農場，A卻被剝奪掉擁有農場的機會。A可能遭到排擠，因為政府的行動導致利率上升，或者因為政府的行動，使得農場的價格上漲，或者因為鄰近地區沒有其他的農場可買。不管是哪種狀況，政府授信所造成的淨效果，不是提高社群生產的財富數量，而是使它降低，因為可用的實體資本（由實際的農場、牽引車等構成）交給了效率比較低的借款人，而不是交給效率比較高和更值得信賴的人。

2

不談農業，改談其他的商業形式，以上所說的會更清楚。一些議案經常被人提出，理由是政府應該承擔「大到民營產業承擔不起」的風險。這表示，沒人願意拿自己的錢去冒的風險，應該准許政府官僚拿納稅人的錢去冒險。

這種政策將導致弊端叢生，例如偏袒徇私，借錢給親朋好友，或者收受賄賂；醜聞頻傳；將納稅人的錢丟進某些企業，結果經營失敗，引起非議；促進社會主義抬頭，因為如果政府必須承擔風險，它大可振振有詞地問：有利潤不是也該由政府享受嗎？那麼，憑什麼要求納稅人承擔風險，卻允許私人資本家還保有利潤呢？（後面會談到，政府對農民提供的「無追索權」貸款，做的正是這種事情。）

但是我們不得不跳過上面所說的各種弊端，只談這種貸款的一種後果：浪費資本和減低生產。他們會把可用的資本丟進壞計畫中，比較好一點的情形則是，丟進好壞難斷的計畫中。他們會把它交給能力比較差或者比較不能信賴的人，而不是交到理應獲得的人手中。任何時候，實體資本的數量都有上限（有別於可以從印鈔機源源不絕印出的貨幣資本）。交到B手中的東西，就沒辦法再給A。

　　人有了資本，難免想要投資，但投資的時候，一定小心翼翼。他們當然希望最後能把本錢拿回來。因此，大部分貸放者都會先仔細調查投資計畫，才拿自己的錢去冒險。他們會去衡量獲利的展望和賠損的機率。有時，他們也會犯錯，但是基於幾個理由，犯下的錯可能少於政府貸放者。首先，錢不是他們自己的，就是別人自願託付他們的。政府借出去的錢卻是別人的，而且不管他們的個人意願如何，一律以課稅的方式取用。私人的錢拿去投資的時候，總是希望連同利息或利潤一起回收。這表示，他們期望借款人為市場生產人們真正想要的東西。而政府的錢，則可能用於某些含糊籠統的目的，例如「創造就業」；而且，效率愈差——也就是相對於產品的價值，雇用的人數愈多——投資獲得採行的可能性愈高。

　　此外，民間貸放者是經過嚴酷的市場考驗，千挑萬選勝出的。如果他們犯下大錯，就會賠錢，而且不再有錢借給別人。他們過去必須經營得很成功，將來才有更多的錢借出去。因此，民間貸放者（除了錢是繼承而來的之外，不過，這種人所占的比率相當低）會經過適者生存過程的嚴格篩選。反之，承辦政府貸款作業的人員，只通過公務員考試，曉得如何以假設性的答案，去回答假設性的問題，或者，他們懂得為政府的貸款找來最動聽的理由，也懂得在貸款出問

題時，找到最合理的理由，解釋那不是他們的錯。但是淨結
果相同：私人貸款在現有資源和資本的運用上，成效遠優於
政府貸款。政府貸款浪費的資本和資源，遠高於私人貸款。
簡單的說，和私人貸款相比，政府貸款會減低生產，而不是
增進生產。

主張政府應該對民間個人或專案提供貸款的計畫，說穿
了，是看到B，卻忘了A。它把資本塞進某些人手中，這些
人，它看得到；本來該得到資本，後來卻無法得到的人，被
它遺忘了。它將資本撥給某個計畫。它看得到那個計畫；苦
苦無法獲得資本的計畫，也被它忘記了。它看到某個群體立
即享受的利益，卻忽視其他群體蒙受的損失，以及整體社群
承受的淨損失。

反對政府提供私人企業或個人保證貸款和抵押貸款的理
由，與反對政府直接貸款和辦理抵押貸款的理由一樣強烈，
只是沒那麼明顯。主張政府提供保證抵押貸款的人，也忘了
實際借出的終究是實體資本，而實體資本的供給有其上限，
幫助了看得到的B，勢必犧牲某個看不到的A。政府保證房
屋抵押貸款（尤其是免頭期款或頭期款少之又少的房屋抵押
貸款），不可避免地會發生更多的放款呆帳。政府強迫一般
納稅人去補貼高風險，彌補虧損。他們鼓勵人們去「買」自
己其實負擔不起的房子。相對於其他的商品，他們最後往往

供應了過多的房子。他們暫時過度刺激房市，使得每個人
（包括以保證抵押貸款購買房子的人）負擔的房價升高，而
且可能誤導營建業過度擴張，最後付出慘重的代價。簡單的
說，長期而言，他們並沒有提高國家整體的生產，卻鼓勵不
當的投資。

3

本章一開始，我們提到，政府「扶持」企業，有時和政
府扳起臉孔一樣令人害怕。這一點，除了適用於政府辦理的
貸款，也適用於政府的補貼。政府絕對不會平白無故地借錢
給企業，或者給企業任何東西，而不從企業身上取走某些東
西。我們經常聽到新政支持者（New Dealers）*和其他的中
央集權論者，吹噓1932年以降，政府如何以重建金融公司
（Reconstruction Finance Corporation）、屋主貸款公司（Home
Owners Loan Corporation）和其他的政府機構，「拯救企業

---

* 譯註：「新政」（New Deal）是指1933年到1940年，美國羅斯福總
　統（Franklin Roosevelt）實施的經濟政策。他急劇增加政府支出，根
　據凱因斯學派的理論，推動一大堆「新政」計畫。美國經濟開始走
　上擺脫「經濟大蕭條」谷底的漫漫長路。接下來四年，道瓊工業股
　價指數上漲240%。

於不溺」。但是政府如果不先從企業那裏取走一些東西，或者最後從企業身上取走某些東西，它不可能給予財務援助的。政府的資金都來自稅收。連備受推崇的「政府信用貸款」（government credit），也是基於一個假設：它的貸款最後將以稅收來支應。當政府貸款給企業，或者補貼企業的時候，等於是對經營成功的私人企業課稅，然後拿錢去支持經營不善的私人企業。在某些緊急狀況下，這麼做也許說得過去，但這裏不探討其利弊得失。不過，長期而言，從國家整體的觀點來看，這種做法絕對划不來。經驗已經告訴我們，的確划不來。

第7章

咀咒機器

　　在所有的經濟錯覺中，行之最久遠的一種，是相信機器害人失業。這種錯覺，縱使被駁倒一千次，到頭來又會從本身的灰燼中重新站起來，而且和以前一樣頑強不屈。每當出現長期持續性的大量失業，機器總是又成為千夫所指的罪魁禍首。這種謬論仍然是許多工會實務的基礎。一般人容忍這些實務，因為他們相信工會說得沒錯，或者因為一頭霧水，看不出工會錯在哪裏。

　　相信機器導致失業的謬論，講得頭頭是道，一路推論下去，最後會帶出荒謬可笑的結論：不只我們今天的每一種科技進步都會造成失業，連原始人起心動念，想要節省揮汗如雨、不必要的體力工作時，便已經開始造成失業。

　　其實不用回溯得那麼遠，翻開 1776 年亞當‧斯密（Adam Smith）發表的《國富論》（*Wealth of Nations*）就知道了。這本曠世巨作，第一章叫做「論分工」。這一章的第二

頁，作者告訴我們，有位不熟悉機器使用方法的工人，受雇於一家製針工廠，「本來一天勉強可做一根針，更別說是二十根了」，但是用了機器之後，一天能做4,800根針。因此，在亞當‧斯密的時代，機器已經使得240名到4,800名製針工人失業，只留下一個人。如果機器只是讓人失業的話，那麼製針業的失業率高達99.98%。情況還能更糟嗎？

的確會更糟，因為那時還只是工業革命的萌芽期。我們來看那次革命發生的一些事件。以製襪業為例，業界引進的新織襪機，遭到手工工人破壞（單單一次暴動，就毀掉一千台以上），房屋被燒毀，發明人受到威脅，被迫倉皇逃命，直到軍隊出動，流放或絞決暴亂領導份子，秩序才恢復。

有一點很重要，必須謹記在心：暴動份子想到眼前的生計，或甚至更為長遠的未來時，反對機器的聲浪是合乎理性的。威廉‧費爾金（William Felkin）在《機器製襪史》（*History of the Machine-Wrought Hosiery Manufactures*；1867年）中告訴我們（只是他的說法聽來不盡合理），自引進機器後四十年內，英國五萬名織襪工人和他們的家庭，絕大多數始終無法擺脫饑寒窘迫的困境。不過，暴亂份子相信機器會永遠取代人力（大部分人無疑這麼認為）卻是錯的，因為在十九世紀結束前，製襪業所雇用的勞工人數，至少是該世紀初的一百倍。

　　理查・艾克萊特（Richard Arkwright）1760年發明棉紡機。據估計，那時英國有5,200名紡紗工使用紡車，以及2,700名織工──總計有7,900人從事棉紡織品的生產。艾克萊特的發明遭到反對，理由是危及工人的生計，而且必須動用武力平息反對浪潮。可是到了1787年──艾克萊特的發明問世之後27年──國會的調查發現，實際從事棉紡織業的人數，從7,900人增為32萬人，增幅高達4,400%。

　　展讀大衛・魏爾斯（David A. Wells）1889年發表的《近來的經濟變動》（*Recent Economic Changes*）一書，會發現只要更改日期和數字，今天的科技恐懼症患者也可以寫出相同的文字。且讓我引述幾段內容：

　　從1870年到1880年（含）的十年間，英國商船單單進出港噸數就增加達2,200萬噸……然而1880年雇用的人數卻少於1870年，只剩約3,000人（精確的數字是2,990人）。為什麼會這樣？各個碼頭和船塢都安裝了蒸汽絞轆和穀物升降機、採用蒸汽動力等等……

　　1873年，英國的貝塞麥（Bessemer）鋼並沒有因為保護性關稅而提高價格，每噸為80美元；1886年，同一個國家，每噸售價不到20美元，產銷卻還能獲利。同一段時間內，貝塞麥轉爐的年產能增為四倍，所用人工

不增反減。

根據柏林統計局（Bureau of Statistics）估計，1887年
世界上所有運轉中的蒸汽機，傳動能力等於二億匹馬，
相當於約十億人；或至少是全球勞動人口的三倍……

我們可以想像，魏爾斯寫到最後這個數字，可能擲筆沉
吟片刻，不懂為什麼1889年時世界上還有人有工作可做；但
他只是略帶悲觀地作結道：「這種情況下，工業過度生產…
…可能是長期現象。」

1932年經濟大蕭條期間，把失業問題歸咎於機器的遊戲
捲土重來。短短幾個月內，一個自稱「技術人」（Technocrats）
的團體，提出的理論像森林大火般燒遍全美各地。為免讀者
厭倦，我不想詳述這個團體列舉的怪誕數字，或以實際的真
相來反駁他們。單單知道「技術人」重彈舊調，說機器會永
遠取代人力就夠了。但有一點不同：他們一時不察，以為他
們這個論調，是前無古人的創見。美國哲學家及作家喬治‧
桑塔雅納（George Santayana）說，不記得過去的人，活該重
蹈覆轍。「技術人」再次驗證了這句箴言所言不虛。

「技術人」終於在訕笑聲中消聲匿跡；但是在他們之前
早已存在的理論，卻揮之不去，而且反映在工會成千上百個
製造工作（make-work）的規定和限產超雇（featherbed）的

實務上。這些規定和實務被人容忍，甚至表示許可，因為一般民眾對這一點是丈二金剛摸不著頭腦。

科溫・愛德華（Corwin Edwards）1941年3月代表美國司法部，在臨時全國經濟委員會（Temporary National Economic Committee；比較為人熟知的名稱，是它的縮寫TNEC）作證時，列舉這些實務的無數實例。例如，紐約市的電機工會被控拒絕安裝紐約州外生產的電機設備，除非那些設備在作業現場拆解後再重新組裝。在德州休士頓，高級水管工和水管工會要求，水管一端的螺紋必須先切除，再在作業現場重切螺紋，才同意安裝預製水管。油漆工會的各地分會限制使用噴槍，只准用刷子慢慢粉刷，許多時候，目的只是為了「製造工作」。貨車司機工會的一個分會，要求進入紐約都會區的每一輛貨車，除了原來開車的司機，還得多雇用一名本地司機。許多城市的電機工會要求，建築工地如果要使用臨時電燈或電力，必須雇用一名全職維修電工，但不准要求他參與電機施工工作。愛德華先生說，根據這個規定，建築工地「往往雇用一名終日無所事事的人，整天看報、玩牌，除了每天一上工和收工時扳動開關，其他什麼事也不必做」。

我們還可以在其他許多領域，找到這種憑空「製造工作」的實例。在鐵路業，工會堅持在不需要司爐的某些類型火車

頭上雇用司爐。劇場工會堅持雇用布景搬運員，即使演出的
戲碼不必用到布景。音樂人工會要求雇用所謂的替身音樂
人，或甚至整團的管弦樂隊，即使許多時候放唱片就行。

到了1961年，沒有跡象顯示這種謬論消聲匿跡。不只工
會領袖，連政府官員也表情嚴肅地表示，「自動化」是失業
的主因。他們談到自動化，好像那是這個世界全新的東西。
其實那只是科技持續不斷進步和省力設備進一步改良的新名
稱而已。

2

反對省力機械的聲浪，不限於經濟文獻，即使今天也不
例外。1970年，一位備受尊崇且後來榮獲諾貝爾經濟學獎的
作者，寫了一本書，反對低度開發國家引進省力機械，理由
是它們會「減低勞動需求」！* 從他的說法，得出的合理結
論是：要創造最多的就業機會，必須讓所有的勞工盡可能缺
乏效率和生產力。言下之意是說，十九世紀初搗毀織襪機、
蒸汽動力織布機和剪床的英國盧德份子（Luddite），其所作

---

* Gunnar Myrdal, *The Challenge of World Poverty* (New York: Pantheon Books, 1970), pp. 400-401 and *passim*.

所為畢竟是對的。

我們可以舉出一大堆數字，說明以前的科技恐懼錯得有多離譜。但除非我們對於為什麼他們錯了，了解得十分透澈，否則這麼做沒什麼好處，因為統計數字和歷史，在經濟學上毫無用處，除非以演繹的方式，對事實有基本上的了解——在這裏是指了解為什麼引進機器和其他的省力機具，會發生過去的那些結果。不這麼做的話，科技恐懼者會一口咬定：「以前那麼說也許很對，但是今天的狀況，根本上有所不同；現在我們承受不起再開發更多的省力機器。」（當你向他們指出，他們的前輩所作的預言，結果證明荒唐可笑時，他們確實也是這麼一口咬定。）美國第三十二任總統羅斯福的夫人艾琳諾（Eleanor Roosevelt）1945年9月19日在某報業集團的專欄中寫道：「今天，省力機具只有在不使人失業的情況下才有好處。」

如果採用省力機器確實造成失業和痛苦不斷攀升的話，那麼不只在科技的領域，也在人類整個文明的概念上，我們得出的合理結論將十分驚人。我們不只必須把科技將來所有的進步視為禍源，更應該以同樣恐懼的心情，去看待過去所有的科技進步。每一天，我們每個人在自身的各種活動上，總是想方設法，希望減低所花的力氣，去取得一定的成果。每個人都想節省力氣，以更為經濟的手段達成目的。每位雇

主，不拘大小，都不斷尋找更經濟和效率更高的方法（也就是節省勞工）締造佳績。每位聰明的工人，都會試著減少付出的勞力，完成上面指派的工作。我們當中，野心最為遠大的人，總是孜孜不倦地設法提高固定的時間內能夠產生的成果。恐懼科技的人，如果嚴守邏輯上的一致性，會認為所有這些進步和巧法，不只一無是處，更且邪惡得令人不寒而慄。為什麼要用火車從芝加哥運貨到紐約？為什麼不大量雇用人力，把貨物扛在背上送過去呢？

類似這種錯誤的理論，絕對無法維持邏輯上的一致性，卻因為它們的存在，而造成很大的傷害。因此，我們要試著探討：科技改良和引進省力機械之後，到底會發生什麼事。每一個例子的細節難免有所出入，必須看某個行業或時期的特定狀況而定。但是我們要談的例子，包含各種主要的可能性。

假設有位成衣製造商，獲知有種機器，能以一半的人力生產男用和女用大衣。他安裝了這種機器，並且裁撤一半的員工。

乍看之下好像就業機會明顯有所損失。但是機器本身需要勞工去生產；因此，這裏有了本來不存在的工作機會，可以沖抵損失的工作機會。但是成衣製造商只有在機器能以一半的人力生產更好的外套，或者以較低的成本生產相同的外

套時，才會購買機器來使用。假設是後者。這麼一來，生產
機器需要使用的勞工數量，不能和成衣製造商使用機器之
後，期望長期能節省的勞工數量一樣多，否則就沒有經濟效
益可言，他也當然不會去使用那種機器。

因此，就業機會仍然出現淨損失。但是我們至少應該曉
得，引進省力機械的第一個效果，很有可能是整體就業增
加；因為成衣製造商使用機器之後，通常只是期待長期能夠
省成本：可能需要好幾年的時間，機器才能「把本錢撈回
來」。

等到機器產生的經濟效益，足以沖銷成本之後，成衣製
造商賺得的利潤多於以往（假設他不想殺價競銷，大衣的售
價和競爭同業相同）。到了這個時候，表面上看起來，好像
勞工的就業機會減少了，獲利的只有那位製造商，也就是資
本家。但是正因為他有了額外的利潤，才有隨之而來的社會
利益產生。這位製造商有三種方式可以運用多得的利潤，而
且有可能三種各用一點：(1)運用額外的利潤擴張營運活動，
買進更多的機器，生產更多的大衣；或者(2)拿額外的利潤投
資其他的行業；或者(3)把額外的利潤花掉，增加消費。不管
選用何者，都會增加就業機會。

換句話說，這位製造商由於他的經濟效益，獲得了以前
不曾擁有的利潤。他不必支付直接工資給已經遭到裁撤的成

衣生產員工，省下來的每一塊錢，現在必須以間接工資的形式，支付給新機器的生產工人，或者給使用資本的其他行業的工人，或者給為他蓋房子、生產汽車的工人，或者為太太買珠寶、皮衣，支付給相關行業的工人。不管給什麼人（除非他是一毛不拔的守財奴），他間接創造的工作，和直接消滅的工作一樣多。

但是事情不會也不可能停在這裏。如果這位事業心強的製造商，相較於同業取得很大的經濟效益，他會開始擴張營運規模，節節進逼競爭對手。或者，競爭對手也開始購買機器來使用。這一來，機器生產工人會有更多的工作可做。不過，競爭加劇、產品增多，也會開始壓低大衣的價格。使用新機器的製造商，不再享有以前那麼高的利潤。安裝新機器的各家製造商，獲利率開始下滑。仍未使用機器的製造商，現在可能毫無利潤可言。換言之，廠商節省下來的成本，開始回饋給大衣的購買者，也就是*消費者*。

大衣比以前便宜，購買的人數增加。這表示，雖然生產相同數量的大衣，所用的勞工少於從前，現在生產的大衣卻比以往要多。如果人們對大衣的需求，像經濟學家所說的那樣具有「彈性」（elastic），也就是說，如果大衣的價格下跌，花在購買大衣的總金額會比以前多，那麼生產大衣所雇用的勞工人數，甚至可能多於引進新省力機器之前。我們已

經在歷史上,看到襪子和其他紡織品的實際情形正是如此。

但是新就業機會的增加,不必靠相關產品的需求是否具有彈性。假設大衣的價格幾乎折半,例如從150元降為100元之後,業者並沒有多賣出一件大衣。雖然消費者和以前一樣,有了一件新大衣可穿,每位消費者的口袋裏卻比以前多了50元。他會把這50元拿去買別的東西,因此增加其他行業的就業機會。

總之,整體而言,機器、科技改良、自動化、經濟效益和效率,不會使人失業。

3

當然,不是所有的發明和發現都是「省力」(節省勞工)機器。其中一些如精密儀器、尼龍、合成樹脂(lucite)、合板、各種塑膠,只是把產品的品質改良而已。其他一些,如電話或飛機,所執行的作業,直接人力根本做不來。更有一些,如X光機、收音機、電視機、空氣調節機、電腦,是將本來不存在的產品和服務,帶到我們眼前。但是上述這些例子,正是現代的科技恐懼症患者特別害怕的機器類型。

整體而言,機器不會讓人失業的論調,當然有可能過度擴大解釋。例如,有人說,機器會創造更多的工作機會。在

某些情況下,這種說法可能是對的。它們絕對能在特殊的行業,創造遠多於從前的工作機會。十八世紀的紡織業,可以見證這一點。若干現代產業,和它相比也不遜色。1910年,14萬人受雇於美國新創的汽車業。1920年,隨著產品改良和成本降低,這個行業雇用了25萬人。1930年,產品繼續改良,成本繼續降低,從業員工達38萬人。1973年,增為94萬1,000人。同樣在1973年,51萬4,000人受雇生產飛機和飛機零件,39萬3,000人生產電子零組件。所以說,隨著發明改良和成本降低,一個新創行業接著另一個新創行業,就業機會不斷地增多。[1]

從絕對值來看,也可以說機器使得就業機會急劇增加。今天全世界的人口,四倍於工業革命如火如荼展開之前的十八世紀中葉。或許可以這麼說:有了機器,人口才能增加;少了機器,這個世界沒辦法養活那麼多人。因此,我們每四

[1] 1992年,經濟學家邁可‧考克斯(W. Michael Cox)和理查‧艾爾姆(Richard Alm)為達拉斯聯邦準備銀行所寫的一篇文章中,談到創造就業機會的恆常過程。經濟學家約瑟夫‧熊彼得(Joseph Schumpeter)認為這是「創造性破壞」,也就是科技創新能從舊工作釋出勞工,進而創造新的工作機會。考克斯和艾爾姆探討了二十世紀,從1900年的2,900萬美國勞工,到1991年的1億1,600萬勞工的爆炸性就業成長過程。("The Churn," W. Michael Cox and Richard Alm, Federal Reserve Board of Dallas Annual Report, 1992.)

個人當中，有三個人可能不只要感謝機器讓他們有工作可做，也要感謝機器讓他們能夠生存。

不過，把機器的功用想成主要在於創造工作，是錯誤的看法。機器的真正作用，是增加生產、提高生活水準、增進經濟福祉。即使（或尤其是）在最原始的經濟中，要讓人人都有工作可做可不容易。充分就業（full employment）——非常充分的就業，長時間、累個半死的就業狀態——是工業發展最落後國家的特徵。已經達到充分就業的地方，新機器、發明和發現沒辦法增加就業，除非經過一段時間，人口成長之後才有辦法。現在由於人們可以不必工作那麼長的時間，孩童和老人也不用工作，新機器的確可能使失業增加（但這裏談的是自願性失業，不是非自願性失業）。

再說一次，機器所做的事，是提高生產和生活水準。它們以兩種方式之一，做到這件事：讓消費者買到比較便宜的產品（如前面所說的大衣例子），或者由於工人的生產力上升，所以工資能夠提高。換句話說，它們能夠提高貨幣工資，或者促使物價降低，允許相同的工資買到更多的產品和服務。有些時候，兩者可以同時辦到。實際上的情形，主要得看一國採行的貨幣政策而定。但不管如何，機器、發明和發現都會提高實質工資。

4

　　結束這個主題之前,有必要提醒讀者一件事。古典經濟學的一大優點,是它觀察次要的結果,關心某種經濟政策或發展對整個社群的長期影響。但是它的缺點,也正是在於看得既遠且廣,有時反倒忽略了短期和狹隘的觀點。經濟發展對特殊群體的立即影響,他們太常等閒視之,或者完全忘記。比方說,工業革命最早期的發明之一——新的織襪機問世之後,我們見到英國許多織襪工人的處境十分悲慘。

　　但是這些事實,以及現代的類似事件,使得一些作者走上相反的極端,只看若干特殊的群體遭受的立即影響。例如,某甲因為某種新機器問世而失業。這一來,這些作者就有話好說:「看看某甲。不要忘了某甲的遭遇。」他們接下來的所作所為,真的只看某甲,忘了某乙剛得到生產新機器的新工作、某丙剛得到操作新機器的工作、某丁現在能以從前一半的價格買到大衣。由於他們只想到某甲,所以主張採用的,是那種「頭痛醫頭」的愚蠢政策。

　　是的,我們應該只用一隻眼睛去看某甲。他因為新機器而丟掉工作。也許他能夠馬上找到另一份工作,說不定是更好的工作。但實際的情形也可能是,這輩子,他花了許多年

的光陰，學習和改善某種特殊的技能，如今市場上卻已不再需要。他對本身、舊技能的投資，都泡湯了，正如他的老東家，在突然之間變得落伍過時的舊機器或舊製程上面的投資，可能也都損失掉了。他本來是技術性工人，也支領技術性工人的工資。現在，一夜之間，他又成了非技術性勞工，只能期待支領非技術性工人的工資，因為他的技能不再有人需要。我們不能，也不應該忘掉某甲。我們將談到，幾乎所有的工業和經濟進步，難免造成個人的悲劇，某甲不幸是其中一人。

關於某甲，我們到底應該怎麼辦——讓他自生自滅、自行調適；發放遣散費或失業補助給他，坐領救濟金度日；或者由政府出錢訓練他去做新的工作——這超過本章的主題範圍。我們的中心課程是，我們應該設法觀察經濟政策或行動的所有主要結果——對特殊群體產生的立即影響，以及所有群體受到的長期影響。

這個主題，我們花了相當長的篇幅去討論，因為關於新機器、發明和發現對於就業、生產和福祉的影響，我們得出什麼樣的結論，十分重要。要是我們得出錯誤的結論，那麼在經濟學中我們可能做對的事情，將少之又少。

第8章
分散工作的計策

　　前面談過工會的各種「製造工作」和「限產超雇」做法。這些做法，以及一般人容忍它們，是起因於害怕機器的同一基本謬論。他們相信，用更高的效率去做事，只會消減工作機會，推而廣之，降低做事的效率，當然可以創造工作機會。

　　和這個謬論有關的另一種說法，是世界上可幹的「活兒」就那麼多，如果不能想出更累贅的做事方式，增加可做的事情數量的話，至少可以設法將事情分攤給盡可能多的人去做。

　　工會堅持細部分工，就是根據這種歪理而來。大城市的建築業，細部分工的做法十分嚴重。例如，泥水匠不准使用石材做煙囪；那是石匠的特殊工作。電工不可以把木板拆開，將接線不良的問題修好後，再裝回木板；不管這件事做起來有多簡單，都是木匠的專屬工作。水管工不可以撬開地

磚,修理浴室的漏水問題,再把地磚貼回去;這件事非交由
舖地磚工人去做不可。

有些工作類型模稜兩可,各工會為了爭取專屬權利,發
動罷工,進行猛烈的「地盤」戰。美國鐵路公司送交司法部
長行政程序委員會的一份聲明稿,列舉全國鐵路調節理事會
(National Railroad Adjustment Board)不計其數的決定:

> 鐵路公司每一種不同的作業,不管多麼細微,例如接
> 聽電話或者扳動開關,到現在都是某類特定員工的專屬
> 財產。如果另一類員工執行正常的勤務時,做了這個動
> 作,那麼不只必須多付他一天的工資,連原來負責執行
> 這個動作的那類員工,不管是休假,還是未受召執勤,
> 也必須付他一天的工資。

沒錯,有些人可以從這種不合理的細部分工獲利,卻犧
牲了其他人——假使只照他們的願望去做的話。但是支持這
些一般性做法的人,沒有看到生產成本一定會提高;總的來
說,結果是做的事變少,生產的東西減少。某戶人家的一家
之主如果被迫雇用兩個人來做一個人的工作,的確會多給其
中一個人就業機會。但是這麼一來,能夠花在其他東西上面
的錢變少了,當然就影響到生產其他東西的就業機會。由於

他修理浴室漏水的錢變成原來的兩倍，他決定放棄一直想買的新毛線衫。「勞工」並沒有受益，因為多雇用一名不需要的舖地磚工人，表示另一名毛線衫織工或機器操作員無事可做。然而這位一家之主，處境變得更糟了。他本來可以把浴室修好，同時擁有一件毛線衫，現在卻只有不漏水的浴室，少了一件毛線衫。如果我們把這件毛線衫算做國家財富的一部分，那麼整個國家就少了一件毛線衫。這是為了增進就業機會，實施不合理的細部分工，得到的淨結果。

「分散工作」（spread-the-work）還有別的手法，而且往往是由工會發言人和國會議員所提出。其中最常見的是立法縮短每週工時。他們相信這可以「分散工作」和「給更多人工作」。這正是現行「聯邦工資工時法」（Federal Wage-Hour Law）訂立懲罰性加班條款的主要原因。以前各州的法律，禁止雇用女性或未成年人的每週工作時數超過四十八小時（這個數字只是舉例而言），原因是擔心較長的工作時數有害健康和士氣。還有一些法律的立法意旨，是相信較長的工作時數會傷害效率。但是聯邦法律的條款規定，任何一個星期，工作時數超過四十小時，雇主必須按每個小時的正常工資加付50%給勞工，所根據的主要理由，卻不是因為政府相信每個星期工作四十五小時（舉例而言）有害健康或效率。納入這個條款的部分原因，是希望提高勞工每個星期的所

得,部分原因是不鼓勵雇主經常要求員工每個星期工作超過四十小時,進而迫使雇主增雇員工。本書撰稿時,為了「避免失業」,不少人提出每週工作三十小時或每週工作四天的辦法。

不管是出於個別工會的要求,還是出於法律的強制規定,這些辦法的真正效果如何?我們來談兩種狀況,可以澄清這個問題。第一種狀況是降低每週標準工時,從四十小時減為三十小時,每小時薪資不變。第二種狀況是把每週工時從四十小時減為三十小時,但是調高每小時的薪資,以維持每週的薪資不變。

我們先談第一種狀況。假設每週工時從四十小時減為三十小時,每小時薪資不變。這個計畫實施的時候,如果失業率相當高,那麼無疑可以創造更多的就業機會。但是我們不能假設它會提供夠多的額外就業機會,使得總薪資與人工小時和從前相同,除非我們提出一些不可能成真的假設,說每個行業的失業率剛好相同,而且新受雇員工執行特殊任務的平均效率,不低於已受雇員工。但是假使我們的確做了這些假設。再假設每一種技能都有數量合適的額外工人可用,而且新進員工不會造成生產成本上升。那麼,把每週工時從四十小時減為三十小時(每小時薪資不提高),結果會如何?

雖然受雇勞工會增多,但是每個人的工作時數都會減

少，因此，總人工小時不會增加。產量不可能顯著提高。總薪資和「購買力」不會變大。即使在最有利的假設之下（很少會發生這種事），我們也只會看到，實際上是由已受雇勞工補貼之前未受雇的勞工。因為新進員工能夠每個星期領到舊員工原有薪資的四分之三，舊員工現在每個星期只能支領原有薪資的四分之三。沒錯，舊員工現在的工作時數減少了；但是以那麼高的代價，買到更多的休閒時間，並不是出於自願之下的決定。那是一種犧牲，目的是為了提供別人工作機會。

　　要求縮短每週工時以「分散工作」的工會領袖，通常心知肚明，曉得這件事，因此他們提出的辦法，是讓每個人魚與熊掌兼得。他們告訴我們，一方面將每週工時從四十小時減為三十小時，以提供更多的工作機會，但是另一方面把每小時的薪資率提高33.33%，以補償縮短後的每週工時。舉例來說，如果受雇員工以前每個星期工作四十小時，平均可領226美元，為了讓他們在一個星期只工作三十小時的情形下，仍能支領226美元，那麼每小時的薪資率必須增為7.53美元。

　　這種辦法會產生什麼樣的結果？第一個結果最為明顯，那就是生產成本會上升。假設員工以前工作四十小時，所得薪資低於生產成本、價格和利潤允許的薪資水準，那麼不必

縮短每週工時,每小時的薪資率也有可能提高。換句話說,
他們工作相同的時數,每個星期的總所得可能提高三分之
一,不需要像每週工作三十小時的新辦法所說,每個星期只
是支領和以前相同的薪資。但是如果在每週工作四十小時的
辦法下,員工所領薪資已達生產成本和價格可容忍的水準
(而且,他們企圖矯正的失業問題,可能正好顯示他們領取
的薪資高於這個水準),那麼每小時薪資率提高33.33%,造
成生產成本上升的幅度,將遠高於目前的價格、生產和成本
能夠忍受的程度。

　　因此,薪資率提高的結果,將是失業狀況遠高於從前。
效率最差的公司會被迫關門歇業,效率最差的勞工會丟掉飯
碗。生產會持續減少。生產成本上升、供給減少,會使價格
上漲,因此,勞工以同樣的薪資,能買的東西變少了;另一
方面,失業的增加會減低需求,導致價格下跌。產品的價格
最後是漲或跌,取決於政府採行什麼樣的貨幣政策。如果政
府採取的是通貨膨脹政策,允許價格上漲,好讓雇主能夠支
付更高的薪資率,那麼這不過是掩人耳目之計,實際上只會
使實質薪資率下降,因為勞工能夠買到的產品,數量和以前
沒有兩樣。結果和每週工時縮短,但每小時薪資率沒有提高
相同。而這件事的結果,前面已經談過。

　　簡單的說,分散工作的辦法,是從我們前面談過的相同

錯覺而來。支持這種辦法的人，只想到他們能夠提供給特定
個人或群體就業機會，卻不考慮它們對每個人產生的整體影
響。

　　分散工作的辦法，也像我們一開始所說的，根據一個錯
誤的假設而來：世界上能做的事就是那麼多。再也找不到什
麼謬論比這更荒謬的了。只要有人類的需求或願望還沒有獲
得滿足，能做的事，數量就沒有上限。現代的交易經濟體系
中，當價格、成本和工資彼此之間呈現最佳關係時，可以做
的事最多。至於那是什麼樣的關係，留待後面討論。

第9章

遣散軍隊和公務員

　　每次大戰結束，談到軍人復員，總是有人很怕工作不夠多，沒辦法讓每個解甲返鄉的軍人都有工作可做，這一來，難免有人失業。沒錯，數百萬人突然之間釋出，可能需要一段時間，民間工業才能重新吸納他們——但是過去最教人驚訝的是，吸納的速度很快，而不是很慢。人們擔心失業問題，是因為他們只看到這個過程的一面。

　　他們看到阿兵哥湧入勞動市場。為了雇用他們，「購買力」從哪裏來？假使公共預算處於收支平衡狀態，答案很簡單。政府將不再維持那麼龐大的軍隊。以前為了養軍人，從納稅人口袋拿走的錢，現在他們可以留著自己用，當然有更多的錢能夠購買更多的東西。換句話說，民間需求將增加，因為軍人復員而增加的勞動人口，將有更多的工作機會。

　　如果政府是在預算失衡的情形下，也就是靠借錢和其他的赤字融通（deficit financing）形式，養那麼多軍人，情況

就有點不同。這帶來了一個不同的問題,但是我們把赤字融通的影響留待後面某章討論。這裏只需要知道赤字融通和我們剛剛說過的要點無關就夠了;如果我們假設赤字融通有利無弊,那麼只需要減稅,幅度和以前花在養活戰時軍隊的錢一樣多,就能維持和原來同樣的預算赤字。

但是復員之後的經濟,和之前的經濟不會相同。以前靠平民養活的軍人,不再是由其他平民養活的平民,而是自力更生的平民了。如果我們假設,基於國防安全的考量,不再需要那些軍人繼續捍衛社稷,那麼把他們留在軍中,未免是一種浪費,因為毫無生產力可言。納稅人花錢養他們,無法得到回報。但是現在納稅人把這一部分的錢給身為平民的他們,交換等量的產品或服務。全國的總生產,也就是每個人的財富,因此增加了。

2

同樣的道理,適用於政府的公務員過多,為社群執行的服務和他們獲得的酬勞不成比例的情況。可是每當有人想要裁撤多餘的公務員,總是引來聲嘶力竭的反對聲音,說這樣會引起「通貨緊縮」(deflation)。你打算消除這些公務員的「購買力」嗎?你準備傷害依賴那些購買力的房東和商家

嗎？他們說這麼做，只會減低「國民所得」，引發經濟衰退，或者使經濟衰退加劇。

這種謬論，也是來自只看公務員遭到裁撤受到的影響，以及依賴他們做生意的特定商家所受的影響。同樣的，他們忘了，如果這些公務員不留在政府機關，回家吃自己，納稅人以前被拿走，用以養活他們的錢，現在可以留著自己用。他們也忘了，納稅人的所得和購買力增加的幅度，至少和那些「前」公務員的所得及購買力下降的幅度一樣多。如果以前受這些官員寵顧的特定店家失去了生意，其他地方的其他店家，生意至少增加得一樣多。華盛頓不會像以前那般繁華，養活的店家數不如以往，但是其他城鎮卻會有更多的店家開張營業。

同樣的，故事並沒有就此打住。少了多餘的公務員，整個國家不只和留用他們的時候一樣好，而且變得更好。那些遭到裁撤的公務員，現在必須尋找民間的工作來做，或者創立私人企業。而正如我們在阿兵哥的例子裏說過的，由於納稅人購買力增加，所以能夠鼓勵他們這麼做。但是這些公務員之所以有民間的工作可做，是因為他們提供等量的服務，給提供工作給他們做的那些人──或者，對雇主的顧客提供了服務。他們不再是社會的米蟲，而是能對社會貢獻生產力的個人。

　　我必須再次明白表示：以上所說，不是指那些所提供的服務真的有其需要的公務員。必要的警察、消防員、清道夫、衛生官員、法官、議員和行政官員，執行的服務有其效益，重要性和私人產業的任何人不相上下。由於他們，私人企業才能在法治、秩序、自由、和平的環境中運作。但他們存在的理由，是因為他們提供的服務有其效用，而不是因為身為公務員，所以擁有「購買力」。

　　抬出「購買力」做為辯解之詞，稍微思考一下，難免令人啼笑皆非。這套說詞，也可以用於騙徒和偷你東西的竊賊。拿走你的錢之後，他的購買力也會提高。他把那些錢花在酒吧、餐廳、夜總會、裁縫店，也許汽車工人也可受惠。但是他的支出，創造的每一個工作機會，卻因為你本身可用於支出的錢減少，而少掉了一個工作機會。同理，公務員的支出每供應一個工作機會，納稅人那邊就少提供一個工作機會。錢被竊賊偷走之後，你什麼也得不到。當你的錢被課稅，用以養活那些不必要的官員，情況正好相同。要是那些不必要的公務員整天喝茶看報紙，什麼事也不管，算我們走運。不幸的是，今天他們更有可能是幹勁十足的改革者，忙著抑制和干擾生產活動。

　　為了留用一批公務員，如果我們能夠找到的理由，只是留住他們的購買力，那就表示應該把他們剔出政府機關。

第 10 章

盲目崇拜充分就業

任何國家的經濟目標和任何個人一樣，都是花最少的力氣，得到最多的成果。人類整體的經濟進步，有賴於以相同的勞力能夠提高生產。基於這個理由，人開始把重擔從自己的背上放到騾子背上；著手發明輪子和獸力四輪車、鐵路和馬達貨車。由於這個理由，人才會運用他的聰明才智，開發出成千上萬省力的發明。

要不是那些擅長於創造各種新口號和四處宣傳的人，害我們忘掉了這個非常基本原始的動機，說起這個動機來，我們還會臉紅不好意思。提升到國家的層次來說，這個第一原則的意思是說，我們的真正目標，是追求最高的生產。要達成這個目標，充分就業 —— 也就是沒有非自願性的失業者 —— 成了必要的副產品。不過，生產是目的，就業只是手段。少了充分就業，我們沒辦法持續獲得最充分的生產。但是就算沒有充分生產，我們也能輕而易舉達到充分就業。

　　原始部落赤身露體，吃、住條件奇差無比，可是他們沒有失業問題。中國和印度遠比美國貧窮，但它們的主要問題，在於生產方法落後老舊（既是資本短缺的因，也是果），而不是失業。只要充分就業和充分生產的目標分道揚鑣，反客為主成為目標，要達成充分就業，再簡單不過了。希特勒推動龐大的武裝計畫，提供人民充分就業的機會。第二次世界大戰讓每個參戰國達到充分就業的狀態，德國的奴工都充分就業。監獄和鐵囚也有充分就業。高壓脅迫之下，總是能有充分就業。

　　可是我們的議員，在國會提出的不是「充分生產」法案，而是「充分就業」法案。連企業人士組成的委員會，也建議成立「總統充分就業委員會」，而不是「充分生產」委員會，或「充分就業」與「充分生產」委員會。不管什麼地方，手段都被提升為目的，目的本身反而遭到遺忘。

　　人們在討論工資及就業時，好像這些跟生產力與產出毫無關係似的。他們以為可以做的事就是那麼多，所以下結論說，每週工作三十小時，可以提供更多的就業機會，因此比每週工作四十小時要好。工會為了「製造工作」，成千上百的做法令人茫然不解，卻還是被容忍。著名的美國專業音樂人工會領袖詹姆斯・希哲・皮崔洛（James Caesar Petrillo）揚言要讓某廣播電台倒閉，除非它雇用兩倍於所需的音樂工

作者時，一部分民眾支持他，因為他畢竟只是想要創造更多的工作機會而已。美國設立工作進步署（Works Progress Administration; WPA）*之後，人們認為這個單位的官員能夠想出各式各樣的計畫，相對於所執行的工作價值，雇用最多的人力──換句話說，勞工的效率最差──這還真是天才啊！

　　如果我們可以選擇的話（其實沒辦法選擇），追求最高的生產，但是光明正大地救濟一部分失業人口，會比為了達成「充分就業」，而以各種名義掩人耳目地「製造工作」，干擾生產過程要好得多。文明的進步，是靠減少就業來推進的，不是靠增加就業。這是因為國家日益富裕之後，可以不再使用童工，許多老人不必繼續工作，數百萬婦女也不需要拋頭露面，出外謀職。必須工作的美國人口比率，遠低於中國或俄羅斯。真正要問的問題，不是十年後美國有多少工作可做，而是我們應該生產多少，以及我們的生活水準會因此成為什麼樣子？今天人們極力強調的分配問題，其實只要有更多的東西可供分配，問題就更容易解決。

　　如果我們把強調的重點放在該放的地方──採行生產最大化的政策──我們的思緒就會清澈如水。

---

* 譯註：美國政府於 1935 年設立。

第 11 章

關稅「保護」了誰?

　　只要提到世界各國政府採行的經濟政策,肯定會使任何
認真的經濟學學生掩卷長嘆,束手無策。他可能會問:我們
埋首研究經濟理論的改良和進步,為什麼各國政府的一般想
法和實際的政策(當然包括國際關係的每個層面),卻還趕
不上亞當・斯密的學說呢?今天的關稅和貿易政策,遠比十
七、十八世紀糟糕。開徵那些關稅和樹立其他貿易壁壘的真
正原因是一樣的,表面上講得動聽的理由也是。

　　自兩個多世紀前《國富論》發表以來,自由貿易的主張
曾經被人提起過無數次,但是也許都不像《國富論》講得那
麼簡潔直接而有力。大體而言,亞當・斯密的立論,是根據
一個基本命題:「對每一個國家來說,向售價最便宜的人買
任何想要的東西,一定符合廣大人民的利益。」「這個命題
不言可喻,」他繼續說道,「大費周章去證明這件事,似乎
荒謬可笑;若非商人和製造業者鼓舌強辯,把這個常識弄得

混淆不清，也不可能有人去質疑它。」

　　從另一個角度來說，自由貿易是專業分工的一種方式：

　　明智的一家之主，了解自製的成本高於外購的話，絕
對不會在家裏自己做。裁縫師不會想要自己做鞋，而是
向鞋匠購買。鞋匠不會想要自己做衣服，而是請裁縫師
代勞。農夫不會想做上面兩種東西，他們寧可花錢向不
同的工匠購買。這些人都發現，對他們最有利的做法是
專注於本行本業，而且比鄰居更具優勢，並以本身的一
部分產品，或者，如果產品相同的話，則以價格取勝，
去購買他們想要的其他任何東西。每個家庭的明智行
為，用於整個國家，很少會是錯的。

　　但到底是什麼原因，使得人們認為每個家庭的明智做
法，用於整個國家，卻可能是錯的？這裏面有一整組謬論交
纏在一起，人們還沒辦法披荊斬棘，脫身而出。其中的中心
謬論，就是本書要談的：只考慮關稅對特殊群體產生的立即
影響，忽視它對整個社群的長遠影響。

2

美國一家羊毛衫製造商跑到國會或國務院，向委員會或相關業務官員慷慨陳詞，說撤銷或降低英國毛線衫的關稅，會給國家帶來災難。他的毛線衫每件賣30美元，但是英國製造商同樣品質的毛線衫，只賣25美元。因此，有必要徵收5美元的關稅，他才經營得下去。當然了，他並不是為自己著想，而是念念不忘於他雇用的那一千名男女員工，以及這些員工花錢買東西，其他行業才能雇用的那些人。害他們沒工作做的話，失業率將升高，購買力會下降，而且會像連漪一樣，一層層往外擴散。要是他能夠舉證證明，一旦關稅撤除或者降低，他真的會被迫歇業，國會肯定認為他的反對意見擲地有聲。

但是他們的謬論，是來自眼裏只有這家製造商和它的員工，或者只有美國的毛線衫工業。也就是說，他們只注意眼前看得到的立即結果，忽視看不到的結果，因為沒看到的結果不會出現。

遊說實施關稅保護的人，不斷發表事實上不正確的言論。我們暫且假設，上面的例子中，事實正如那家毛線衫製造商所說的那樣。假使每件毛線衫需要課徵5美元的關稅，

他才能繼續經營，並且提供員工生產毛線衫的工作機會。

我們刻意選擇撤除關稅這種最不利的例子來作說明。這個例子並沒有主張開徵新關稅，好讓新的行業誕生，而是爭取維持業已保護一個行業能夠存在的關稅，一旦廢除，勢必傷害到某些人。

廢除關稅的話，製造商會關門歇業，一千名員工會遭到遣散。他們光顧的商家，業績會減退。這是看得到的立即結果。但是也有一些結果，不是那麼顯而易見，立即性和真實性卻不亞於前者。以前每件零售價30美元的毛線衫，現在只要25美元就買得到。消費者用比較少的錢，可以買到品質相同的毛線衫，或者同樣的價錢，能夠買到更好的毛線衫。如果他們買的是品質相同的毛線衫，則不只身上有件毛線衫可穿，口袋裏還多出以前所沒有的5美元，可以拿去買別的東西。沒錯，正如美國製造商所預測的，消費者支付25美元買進口毛線衫，對英國毛線衫工業的就業機會有幫助。剩下的5美元，則對美國其他工業的就業機會有幫助。

但是結果並不是到這裏就打住。消費者購買英國的毛線衫之後，英國人手上有了美元，回過頭來可以用於購買美國的產品。事實上（先不管匯率、貸款、信用的波動等複雜因素），這是英國人用掉美元的唯一方法。由於我們允許英國人賣更多的產品給我們，他們現在有能力向我們買更多的產

品。其實,如果他們不是永遠不把手上的美元花掉的話,最後一定被迫要向美國購買更多的產品。因此,允許更多英國產品進口的結果,是美國必須出口更多的產品。而且,雖然美國的毛線衫工業現在雇用的員工人數減少,洗衣機或飛機製造(舉例來說)等工業,卻雇用更多的員工,效率也高得多。美國的整體就業機會並沒有減少,但是美國和英國的整體生產卻增加。各國勞工在本身做得最好的事情上,從業人數會比較多。他們不必被迫去做缺乏效率或者成果差的事情。兩國的消費者同蒙其利;他們可以買到最便宜的產品。美國的消費者有物美價廉的毛線衫可穿,英國的消費者有物美價廉的洗衣機和飛機可用。

3

現在從另一方面來看這個問題,觀察開徵關稅造成的影響。假設美國對外國的針織品不課關稅,美國人已經習慣購買外國毛線衫是免關稅的。不久之後,有人提出一種說法,認為對毛線衫課徵5美元的關稅,毛線衫工業就會誕生。

就事論事,這種論調在邏輯上沒錯。課徵關稅後,美國的消費者可能覺得英國的毛線衫賣得太貴。這麼一來,美國製造商生產毛線衫將有利可圖。但是美國消費者是被迫補貼

這個行業。他們每買一件美國製毛線衫，等於被迫支付5美元的稅，因為新誕生的毛線衫工業，賣給他們的價格比較貴。

一些美國人將受雇於毛線衫工業，而以前，沒有人曾在毛線衫工業工作。這件事倒是一點不假。但是美國的產業或就業人口並沒有淨成長。由於美國的消費者必須多付5美元購買品質相同的毛線衫，能夠用來購買其他產品的錢，也少掉那麼多。他將必須縮減其他方面5美元的開銷。為了讓某個產業能夠成長或者誕生，其他一百種行業必須萎縮。為了讓五萬人能夠受雇於羊毛衫工業，其他地方必須少雇用五萬人。

但是這個新產業，人人都看得見。從業員工人數、投資下去的資本、以金額表示的產品市場價值，都很容易計算。左鄰右舍看得到毛線衫工人每天去工廠上班和下班。結果一目瞭然而且直接。但是其他一百種行業萎縮、其他某些地方減少五萬個工作機會，則不是那麼容易發現。連最聰明的統計專家，也不可能確切知道，由於消費者必須花更多錢買毛線衫，其他行業的工作機會損失的情形──到底每個行業遣散了多少男女勞工、到底每個行業損失了多少生意收入。損失是由全國其他所有的生產活動分攤，結果每一種生產活動承受的損失相當輕微。消費者如果留下那5美元，每個人到

底會如何花用多出來的這筆錢,沒有人確切知道。因此,絕大多數人可能覺得,新產業對我們毫無損害。這種錯覺,對他們造成不小的傷害。

4

有一件事很重要,必須指出:新開徵的毛線衫關稅不會提高美國人的工資。在毛線衫工業工作的美國人,領得的工資的確處於美國的平均水準附近(就同類技能的勞工來說),而不必依照英國的工資水準,才能在那個行業與人一較長短。但是整體而言,美國的工資並沒有因為關稅而上升;因為就我們所知,就業人數沒有淨增加,產品的需求沒有淨增加,勞工生產力沒有淨增加。其實,勞工生產力反而因為關稅而下降。

我們現在要談關稅壁壘的實質影響。所有看得到的利益,都被沒有那麼明顯,卻確有其事的損失給沖銷掉了。結果,整個國家承受淨損失。幾個世紀以來,我們聽過出於自利的無數宣傳,也經歷並非出於自利的混淆,事實卻截然相反——關稅減低了美國的工資水準。

我們來把原因說得更清楚一些。前面談過,消費者購買受關稅保護的產品,不管多支付多少錢,能夠用來購買其他

所有產品的錢，就會少掉那麼多。整體產業並沒有獲得淨利益。但由於對外國產品樹立的人為壁壘，美國的勞工、資本和土地，從他們做得比較有效率的事情，移轉到比較缺乏效率的事情上面。因此，關稅壁壘使得美國勞工和資本的平均生產力下降。

現在從消費者的角度來看。我們發現他的錢能買的東西減少了。由於他必須支付更多錢去買毛線衫和其他受保護的產品，所以能買的其他每一樣東西都少於以往。因此，他的所得的整體購買力下滑。關稅的淨效果到底是降低名目工資，還是提高名目物價，取決於政府採行的貨幣政策。但是十分清楚的一件事是，把所有的職業都考慮在內的話，雖然關稅或許能夠提高受保護工業的工資到原有的水準之上，整體而言，一定會減低實質工資——所謂實質工資減低，是指和本來應有的水準比較。

只有歷經好幾個世代謬論連篇的宣傳，耳濡目染之下，才會覺得這個結論相當矛盾。政策如果刻意將我們的資本和人力資源運用在比較缺乏效率的地方，我們還能夠期待和上面所說不同的結果嗎？對貿易和運輸刻意樹立人為的壁壘，我們還能期待其他不同的結果嗎？

樹立關稅壁壘，效果就和樹立真正的圍牆一樣。貿易保護論者習慣用戰爭的語彙來作比喻。他們說，應該「擊退」

舶來品的「入侵」。他們在財政領域建議採用的方法，就和戰場上沒有兩樣。用來擊退舶來品入侵的關稅壁壘，就像布設戰車陷阱、壕溝、鐵絲網，用以逐退或減緩敵軍的攻勢。

於是敵軍動用更為昂貴的方法，企圖克服這些障礙——部署更大的坦克；使用地雷探測器；派出工兵剪除鐵絲網、渡河、造橋。因此，和外國的商務往來，需要開發更貴和更有效率的運輸方法，以克服關稅壁壘。我們一方面試著研發速度更快和效率更高的飛機與船隻、更好的公路和橋樑、更好的火車和貨車，力求降低英國和美國，或者加拿大和美國之間的運輸成本。另一方面，我們卻以關稅來沖銷高效率運輸上的投資，使得商品的運送變得比以前更加困難。我們降低毛線衫的運輸成本一塊錢，接著提高關稅兩塊錢，以阻止毛線衫在兩地之間運送。我們降低貨運成本，讓產品的買賣有利可圖，然後又搬石頭砸自己的腳，減低運輸效率的投資價值。

5

有人說，關稅是犧牲消費者，造福生產者的一種方法。這麼說倒有幾分道理。主張課徵關稅的人，只想到生產者因為特定的關稅，立即獲得的利益。他們忘了消費者被迫支付

關稅，利益立即遭到損害。但是把關稅的問題，想成是生產者和消費者兩個單位之間的利益衝突，卻是不對的。關稅的確傷害所有的消費者，卻沒有造福所有的生產者。我們剛剛說過，關稅對受保護的生產者有幫助，卻犧牲了其他所有的美國生產者；出口潛力相對較大的生產者，受害尤其大。

用一個非常誇張的例子，也許可以把最後這一點講得更清楚。假設我們樹立的貿易壁壘有如銅牆鐵壁，進口貨根本不得其門而入。假設在這情況下，美國的毛線衫價格也只上漲 5 美元。由於美國的消費者必須多花 5 美元買一件毛線衫，所以平均少花 5 美分在其他一百種美國產業中的每一種。（選這個數字，只是為了說明方便。損失實際上當然不會分布得這麼均勻。此外，毛線衫工業無疑也會因為其他行業受保護而遭到傷害。但是這個複雜的狀況，可以暫時略過不談。）

現在，外國工業發現美國市場完全封閉，賺不到美元，所以根本沒辦法購買美國的任何產品。因此，美國工業的受害程度，和以前的外銷比率成正比。首先受害最大的，將是原棉生產商、銅生產商，以及縫紉機、農業機械、打字機、商用飛機等產品的製造商。

就算關稅沒有高到進口貨無法進入的地步，還是會產生和上面所說相同的結果，只是規模比較小而已。

因此，關稅造成的影響，是改變美國的生產結構。它改變了職業的數量、職業的種類，以及一種行業相對於另一種行業的規模。它使得相對缺乏效率的行業變大，相對效率高的行業變小。所以說，關稅造成的淨影響，是減低美國的效率，也使得本來可以和美國有更多貿易往來的國家，效率變差了。

儘管正反兩面意見多不勝數，長期而言，關稅和就業的問題，風馬牛不相干。（沒錯，關稅突然變動，不管是向上，還是向下，都會迫使生產結構發生相對應的變化，造成暫時性的失業。這種突然的變動，甚至會引發經濟蕭條。）但是關稅和工資卻有關係。長期而言，關稅一定會使實質工資下降，因為它減低了效率、生產和財富。

從中心謬論衍生出來，所有這些主要的關稅謬論，正是本書想要探討的。它們只看單一關稅稅率對一群製造商造成的立即影響，忘了對全體消費者和其他所有製造商造成的長期影響。

（我想，有些讀者會問：「要解決這個問題，為什麼不用關稅來保護所有的製造商？」但是這種謬論的問題是，這對製造商的幫助並不平均，而且對產品銷路已經比外國製造商好的本國製造商，一點幫助也沒有；這些效率高的製造商，一定會因為關稅導致購買力轉向而受害。）

6

　　談到關稅，最後我們一定要小心一件事。這件事，和我們探討機器造成的影響，應該注意的事情一樣。關稅確實對**特殊利益團體有利**，或者至少能夠有利於特殊利益團體。否認這件事情也沒用。沒錯，關稅犧牲其他每個人的利益，而造福了他們。如果某種行業能夠單獨獲得保護，則由於業主和勞工購買其他每一樣東西，可以享受自由貿易的利益，所以那個行業整體而言獲得利益。但是，把關稅的好處往外擴延，那麼連受保護行業中的人（既是生產者，也是消費者），也會開始因為其他人得到保護而受害，而且總的來說，最後可能比沒有任何人受到保護時還要糟。

　　極力主張自由貿易的人，經常否認關稅有可能對特殊群體產生利益。我們不應該像他們那樣，當然也不應該認為降低關稅對每個人都有好處，不會傷害任何人。沒錯，降低關稅對國家整體有益。但是有人會受到傷害。以前享有高度保護的人會受到傷害。這是為什麼當初就不應該允許受保護利益存在的理由。但是平心而論，有些行業表示，取消它們的產品關稅，會害它們歇業、工人失業（至少暫時如此），我們不得不承認，這種講法一點也沒錯。而如果它們的工人已

經培養出特殊的技能,甚至可能因此遭受永久性的傷害,或者直到終有一天學得相當的技能,才能免除傷害。探討關稅的影響時,和探討機器的影響一樣,我們應該設法認清所有的主要影響,也就是所有的群體受到的短期和長期影響。

最後要附帶一提的是,本章內容並不在反對所有的關稅,包括主要用於增進稅收的稅捐,或者扶持戰時需要的工業;也不在反對開徵關稅的所有主張。本章只是針對一種謬論而發:整體而言,關稅可以「提供就業機會」、「提高工資」,或者「保護美國人的生活水準」。這些事情,它都辦不到;而且就工資和生活水準來說,結果恰好相反。但是探討為了其他目的而課徵的關稅,則超過了本章的主題範圍。

我們不探討進口配額、外匯管制、雙邊互惠,以及減低、扭轉或阻止國際貿易的其他方法,所造成的影響。大體而言,這些措施造成的影響,不但和高關稅或者阻絕性關稅(prohibitive tariffs)相同,而且可能更糟。它們帶來更複雜的問題,淨效果卻可以用關稅壁壘同樣的推理方式去探討。

第 12 章

拼命出口

　　所有的國家，除了對進口懷有一股病態的恐懼，更對出口抱持一種病態的渴望。又要馬兒跑，又要馬兒不吃草。世界上再沒有什麼事情比這更矛盾的了。長期而言，進口和出口必須相等（以最廣泛的定義來看，包括「無形」項目，如觀光支出、海運費用，以及「國際收支帳」裏面其他所有的項目）。有出口，才有錢進口；有進口，才有機會出口。出口愈多，進口必須愈多才行，否則收不到貨款。進口愈少，能夠出口的數量也愈少。沒有進口，就沒有出口，因為外國人沒有錢可以用來買我們的產品。在我們決定減少進口的時候，也等於決定減少出口。如果我們決定增加出口，實際上也等於決定增加進口。

　　其中的道理非常淺顯明白。美國的出口商把產品賣給英國的進口商，對方以英鎊支付。但是美國出口商沒辦法用英鎊支付員工的工資、買太太的衣服、買劇院的入場券。要做

這些事情,他需要美元。因此,英鎊對他沒有用處,除非自己拿去買英國的產品,或者(透過銀行或代理商)賣給某位美國進口商,讓他用於購買英國的產品。不管他採用哪一種方法,在美國的出口以等量的進口支付之前,交易無法完成。

如果交易是以美元,而不是英鎊進行,也會有相同的狀況。英國進口商沒辦法以美元支付美國出口商,除非以前曾有英國出口商輸出產品到美國,手上因此握有一些美元。簡單的說,外匯市場是執行結算性交易的地方,在美國是將外國人的美元借項和他們的美元貸項沖銷。在英國,外國人的英鎊借項則和他們的英鎊貸項沖銷。

這裏不必詳談技術性細節,因為談外匯的教科書都找得到這些內容。但是我們必須指出,這裏面並沒有什麼神祕難解的地方(除了那些教科書經常被包起來,顯得神祕兮兮之外),而且和國內交易基本上沒有兩樣。每個人都必須賣些東西給別人,才能取得購買力,去買別人的東西;只是大部分人賣的是本身的勞務,不是產品。國內交易大致上也是透過結算所,以註銷買賣雙方支票和其他求償的方式進行。

依據國際金本位制,進出口收支如有出入,有時的確是以交運黃金的方式結算,但也可以用交運棉花、鋼鐵、威士忌、香水,或其他任何商品來結算。主要的差別是,金本位

制存在的時候，黃金的需求幾乎可以無限擴張（部分原因是它被認為，也被承認為是剩餘的國際「貨幣」，而不只是另一種商品），而且各國在收受黃金時，不像它們在收受其他幾乎每一種商品時那樣樹立人為的障礙。（另一方面，近年來，各國在輸出黃金時設立的障礙，比輸出其他東西時為多；不過，那是另一件事。）

有些人談論國內交易時，頭腦清醒、明智理性，但是面對對外貿易，卻變得情緒激動、神智不清。講到對外貿易，他們極力主張或原則上默認的事情，用到國內商務往來，卻反而認為荒誕不經。一個典型的例子是為了促進出口，他們相信政府應該會大量貸款給外國，而不管這些貸款償還的可能性如何。

美國公民當然應該獲准自行承擔風險，把錢借給海外。政府不應該任意設定障礙，阻止民間貸款給和我們和平共處的國家。身為全球村的一員，我們願意基於人道的理由慷慨捐輸，拯溺救焚。不過，我們一定要非常清楚自己到底在做什麼事。對外國人的捐贈，如果給人的印象是純粹出於自利的商業交易，反而是不智之舉。這只會造成誤解，導致將來的關係轉壞。

可是在主張對外大量貸款的論調中，有個謬論非常搶眼。它的說法是這樣的：即使我們提供外國的貸款有一半

（或者全部）變成呆帳，逾期不還，我們還是會因為這些貸款而受益，因為可以強烈刺激我們的出口。

如果幫助外國購買我國產品的貸款拖欠不還，那麼我們等於把產品免費奉送給他們。這件事，不用說也非常清楚。一個國家不可能靠送人東西而變得富有。這種做法只會讓它變窮而已。

用在個人身上，沒人質疑這種說法的正確性。如果一家汽車公司貸款5,000美元給一個人買等價的車子，而且他最後沒有償還，那麼這家汽車公司不可能因為「賣出」車子而增加收益。它損失的是生產汽車的成本。如果汽車的生產成本是4,000美元，而顧客只還一半的錢，那麼這家公司的淨損失是4,000美元減去2,500美元，也就是1,500美元。呆帳造成的損失，並沒有從它的汽車交易中賺回來。[1]

如果這種說法用在私人公司是那麼簡單明瞭，為什麼用到國家，那些聰明人卻會混淆黑白？原因出在這種交易，需要從心理面往前多推進幾步。某個群體也許真的受益——其他所有的人卻得承受損失。

---

[1] 這裏所舉5,000美元的數字並沒有反映真實的狀況。一輛新車現在的價格在20,000美元上下。（"Fun and Games With Inflation," David R. Henderson, *Fortune*, March 18, 1996, p.36.）

　　舉例來說，完全或者主要經營出口業務的人，整體而言的確可能因為海外的呆帳，而獲得貸款淨餘額的利益。整個國家因為這筆交易而蒙受損失是肯定的，但分布的方式也許難以追蹤。民間的貸放者會直接承受損失。政府貸款的損失，最後是以加重每個人的稅負來支應。但是這些直接的損失，也會因為經濟受到影響，而造成許多間接的損失。

　　長期而言，美國的企業和就業會受到對外貸款拖欠不還的傷害，而非得到幫助。外國買主每多一塊錢可用於購買美國的產品，國內買主最後會少掉一塊錢。因此，依賴國內交易業務的企業，長期而言受到的傷害，和出口企業得到的幫助相同。連經營出口業務的許多企業，總的來說也受到傷害。比方說，1975年美國的汽車公司有約15%的產量銷往海外市場。假設為了彌補未償還的對外貸款，美國消費者的稅負加重，使得汽車公司的國內銷售額減退10%，那麼就算賣到海外的比例增加到20%，汽車公司也還是無法獲利。

　　我要再說一次，以上所說，並不表示民間投資人對海外貸款是不智之舉，而只是表示：我們不能靠背負呆帳變得富有。

　　想利用對外貸款呆帳，或者直接贈與外國的方式，製造出口大增的假象，是愚不可及的做法。以出口補貼的方式，製造出口大增的假象，一樣愚不可及。出口補貼以低於生產

成本的價格，出售產品給外國人，他們當然大享甜頭。這是
企圖透過送東西而致富的另一個例子。

由於以上種種，美國政府多年來實施「對外經濟援助」
計畫，其中比較大的部分，是政府對政府的直接贈與，金額
動輒高達數十億美元。本章只對那個計畫的一個層面感興趣
──許多支持者信以為真，認為這是聰明或甚至必要的方
法，可以「增加我們的出口」，並且維持美國的繁榮和就
業。這依然是靠送東西能讓國家致富的另一種錯覺形式。支
持這項計畫的許多人，沒有認清事實真相：美國直接送出去
的，不是出口品本身，而是用來買它們的錢。因此，個別出
口商有可能從國家的損失中獲益──如果它們從出口獲得的
個別利益，高於實施這項計畫所分攤的稅負的話。

只看一項政策對某個特殊群體產生的立即影響，卻缺乏
耐性或者智慧，去追蹤政策對每個人造成的長遠影響，這樣
的錯誤，又多了一個實例。

要是我們真的去追蹤每個人所受的長期影響，會多得到
一個結論──和數個世紀以來，占據大部分政府官員腦子的
理論教條恰好背道而馳。這個結論，約翰‧彌爾已經說得很
清楚：對外貿易對任何國家能有利益，原因不是來自出口，
而是來自進口。一國的消費者能以比國內便宜的價格，買到
外國的商品，或者買到國內製造商不生產的商品（在美國特

別有名的例子是咖啡和茶）。總而言之，一國需要出口的真
正理由，是賺錢來買進口貨。

第13章

「平準」價格

　　一頁關稅史提醒我們，特殊利益團體總是挖空心思，想出擲地有聲的理由，說明為什麼它們應該得到特殊的禮遇。它們的發言人提出對自己有利的計畫。那些計畫乍看之下荒唐可笑，不值識者一哂。但是特殊利益團體鍥而不捨，堅持照他們的計畫去做。如能立法通過實施，馬上對它們的福祉大有幫助，所以它們不惜代價，請術業有專攻的經濟學家和公共關係專家代言。民眾聽到那些論調一而再、再而三被人提出，再加上豐富且叫人瞠目結舌的統計數字、圖表、曲線和圓餅圖，很快就信以為真。等到有識之士驚覺立法實施勢在必行，一切為時已晚。他們沒辦法在短短幾個月之內精熟相關的主題，當然比不上那些代為喉舌，多年來全副心神投入其中的經濟學家和公關專家；他們被人指責懵然未覺，講起話來讓人覺得強詞奪理，為反對而反對。

　　農產品「平準」（parity）價格的觀念，從提出到實施，

正是這個過程的最佳寫照。我忘了到底是哪一天，它首次以立法議案的面目現身；但是1933年新政實施時，它已經成為確立不搖的原則，並訂成法律；而且，年復一年，同樣荒唐可笑的衍生論調也一一堂而皇之應運而生，並且陸續頒訂為法律。

平準價格的說法大致如下。農業是最基本和最重要的行業，應該不惜一切代價加以保護。此外，其他每個人的富裕，都有賴於農民的富裕。要是農民缺乏購買力，無力購買工業產品，工業就會萎縮。這是1929年經濟崩跌的原因，或者至少是無力復甦的原因。當時農產品價格暴跌，而工業產品價格幾乎文風不動。結果，農民買不起工業產品；城市的勞工遭到遣散，買不起農產品，於是經濟蕭條往外擴散，形成惡性循環。只有一種解決方法，而且很簡單：把農產品價格拉回到和農民所買產品價格相當的水準。平準價格應該以1909年到1914年間為基礎，當時農民的生活相當優渥。那種價格關係應該恢復，並且永久維持。

要探討這種似是而非的論調所隱藏的每一個荒謬之處，得花很長的時間，而且離我們的主要論點太遠。但是我們找不到合情合理的理由，把某一年或者某一段期間特別的價格關係，視為神聖不可侵犯，或甚至認為比其他的期間更為「正常」。就算它們當時相當「正常」，又有什麼理由認為相

同的關係應該維持六十年以上，而不顧這段期間，生產和需求狀況已經發生劇烈的變化？做為平準價格基礎的1909年到1914年，並不是隨意選定的。就相對價格來說，那是美國歷史上對農業最有利的期間之一。

要是這個觀念真的那麼鏗鏘有聲或合乎邏輯，那就可以放諸四海而皆準。如果1909年8月到1914年7月農產品和工業產品之間的價格關係應該永久保持，那為什麼不將那段期間每一種商品和其他商品之間的價格關係也永久保持呢？

本書第一版於1946年上市時，我舉了一些例子，說明因此產生的一些荒謬結果：

雪佛蘭（Chevrolet）六汽缸房車1912年的售價是2,150美元；1942年大幅改良後的六汽缸雪佛蘭房車售價是907美元；但是如果依照農產品相同的「平準」基礎，1942年的售價應該是3,270美元。1909年到1913年（含），一磅的鋁平均價格是22.5美分；1946年初是14美分，但如果按照「平準」價格，應該是41美分。

在今天（1978年），要比較這兩種商品，既困難又有可議之處，因為不只必須考慮1946年到1978年間嚴重的通貨膨脹（消費者物價上漲為三倍以上），也必須考慮這兩段期

間汽車品質上的差異。這種困難，凸顯了平準價格的提議窒礙難行。

　　1946年版做了上述的比較之後，我進一步指出，生產力提升也是農產品價格下跌的部分原因。「從1955年到1959年的五年間，美國的棉花收成量平均每英畝是428磅，1939年到1943年五年內平均是260磅，而1909年到1913年的五年『基』期平均只有188磅。」時至今日再比較一下，農業生產力繼續提升，只是成長率下滑。1968年到1972年五年內，平均每英畝棉花收成467磅。同樣的，1968年到1972年五年內，玉米平均每英畝收成84英斗，1935年到1939年平均只有26.1英斗；同樣的，小麥平均每英畝收成31.3英斗，高於以前的13.2英斗。

　　由於施用更好的化學肥料、品種改良、機械化程度提高，農產品的生產成本已經大幅下跌。1946年版中，我引用了這段話：「已經完全機械化和量產經營的一些大農場，只需要三分之一到五分之一的勞工，就能有幾年前相同的收成。」*

---

* 資料來源：*New York Times*, January 2, 1946。當然了，耕種面積限制計畫對每英畝的收成量增加有幫助，首先是因為農民當然停耕生產力最低的田地，其次是因為支持價格高，如果增加每英畝的肥料用量，也還有利可圖。因此，政府的耕種面積限制計畫大致上可說是搬石頭砸自己的腳。

但是「平準」價格的宣傳家，對所有這些事情充耳不聞。

　　政府不肯將這個原則普遍應用於所有的產品，不只證明這不是對公眾有利的經濟計畫，更證明這只是補貼特殊利益群體的工具。另一個證據是，當農產品價格漲到高於平準價格，或因為政府的政策而被推升到那個價位時，代表農民利益的國會議員，從來不曾要求把價格壓回平準價格，或者退回等量的補貼。總之，這是條單行道。

2

　　且將所有這些質疑擱置一旁，回頭再談本章特別關心的中心謬論：農民的產品可以賣到更高的價格，就能夠買更多的工業產品，工業將欣欣向榮，達到充分就業。當然了，到底農民有沒有獲得所謂的平準價格，也就無關緊要了。

　　不過，一切都取決於更高的價格到底是如何達成的。如果是拜整體經濟復甦之賜，也就是百業興旺、工業生產增加、都市勞工的購買力提高（不是通貨膨脹造成的），那就不只農民更加富裕和生產增加而已，每個人都是如此。但我們要談的是政府的干預造成農產品價格上漲。有好幾種方法可以辦到這一點。政府可以只靠一紙命令，強迫價格提高。這是最不可行的辦法。政府可以隨時準備依照平準價格，收

購所有的農產品。政府可以借農民夠多的錢,好讓他們暫時不把收成送到市場上,直到市價漲到平準價格或更高的價格為止。政府可以強制限制收成量。政府可以綜合採用以上的各種辦法(實務上經常這麼做)。為了討論方便,我們直接假設價格已經上漲,不管是透過哪一種方法。

結果呢?農民生產的穀物賣到了更高的價格。即使產量減少,他們的「購買力」也提高了。他們暫時變得更加富裕,所以購買更多的工業產品。有些人只觀察政策對直接相關的群體產生的立即影響。他們看到的就是這些。

但是政策不可避免也會帶來另一個結果。假使本來每英斗只賣2.50美元的小麥,因為政府的政策,被推升到3.50美元。農民每賣一英斗的小麥,就多賺進1美元。但是都市勞工受影響的程度相同,因為麵包價格上漲了,對於每英斗小麥得多支付1美元。其他任何農產品的道理也相同。如果農民因此多了1美元的購買力,可用於購買工業產品,都市勞工卻剛好少掉1美元的購買力,沒辦法購買工業產品。一加一減,整體產業一無所獲:農村地區的銷售額增加多少,都市地區便減低多少。

不同行業的銷售額當然會有變化。農業機具製造商和郵購公司的生意顯然會更好,但是都市百貨公司的生意會變差。

　　不過，故事還沒有講完。政府的政策不但沒有帶來淨利益，反而造成淨損失，因為它只是把購買力從都市消費者（或一般納稅人，或兩者兼而有之），移轉到農民手上。而且，政策也經常強迫農產品減產，以求提高價格。財富因此萎縮，因為，人們可以吃的食物變少了。財富如何萎縮，要看政府為了提升價格，採取什麼樣的方法而定。一種可能的做法是，實體毀損已經生產出來的作物，例如巴西燒燬咖啡豆。另一種做法是強迫限制耕地面積，例如美國的AAA計畫。在我們擴大討論政府的商品管制措施時，再來探討其中一些方法造成的影響。

　　我們在這裏要指出，農民為了獲得平準價格，而減少小麥的產量時，雖然每英斗的價格提高了，產銷數量卻因而減少，結果他的收入並沒有隨著價格而等比例增加。主張實施平準價格的一些人，也發現了這一點，所以更進一步堅持應該給農民平準*所得*。不過，要做到這一點，只能用補貼的方式才能達成，而這會直接犧牲納稅人。換句話說，為了幫助農民，所用的手段不過是減低都市勞工和其他群體的購買力。

3

　　結束本章之前，主張平準價格的另一種論調，有必要一

提。這種論調是比較老成圓熟的一些人提出的。「沒錯,」他們坦承,「平準價格的經濟論證的確不夠牢靠。這種價格是一種特殊利益,是加在消費者身上的一種負擔。但關稅不也是加在農民身上的一種負擔嗎?難道他就不用支付更高的價格去購買工業產品嗎?對農產品開徵補償性關稅,沒有任何好處,因為美國是農產品的淨出口國。平準價格制度就相當於保護農民的關稅。這是把立足點拉平的公平做法。」

要求實施平準價格制度的農民,確實有抱怨的理由。但是保護性關稅對他們造成的傷害,其實超過他們的想像。減少工業產品進口,也會減少美國的農產品出口,因為外國比較難以取得購買美國農產品所需的美元,而且,這會引起其他國家課徵報復性關稅。不過,我們剛剛所提的那個論調,經不起檢驗。甚至於它拐彎抹角的事實陳述,也是錯的。現在根本沒有所謂的全面性關稅,針對所有的「工業」產品或所有非農產品課稅的情況。有許許多多國內工業或者出口產業,並沒有受到關稅保護。如果都市勞工因為關稅的緣故,必須支付較高的價格去買羊毛毯或外套,那麼他也必須支付較高的價格去買棉衣或食物,這樣稱得上「補償」嗎?或者,他只是被剝兩次皮?

那麼,我們來把大家的立足點拉平,給每個人同等的「保護」吧。但是這件事很難處理,也不可能辦到。即使我

們假設這個問題在技術上能夠解決 —— 例如為承受外國競爭壓力的工業家Ａ開徵關稅，給出口產品的工業家Ｂ補貼 —— 我們還是不可能「公平」或者同等保護或補貼每個人。我們必須給每個人相同百分率（或者應該是相同金額？）的保護或補貼，但可能永遠無法確定是不是重複支付某些群體，卻少給其他人。

不過，如果我們能夠解決這個難題呢？結果將如何？在每個人都同等補貼其他每個人的時候，誰會獲利？如果每個人都因為稅負加重，損失的金額和補貼或保護帶來的利益完全相同時，利潤何在？我們只需要請一大堆不必要的官僚來執行這套計畫，允許他們全部不事生產就行了。

從另一方面來說，我們可以用很簡單的方法來解決這個問題，那就是同時取消平準價格制度和保護性關稅制度。這兩種制度即使一起執行，也沒辦法拉平立足點：農民Ａ和工業家Ｂ同時獲利，卻犧牲了「被遺忘的Ｃ」。

因此，在我們不只探討某個特殊群體立即受到的影響，也探討它對每個人造成的長期影響時，另一套辦法能夠帶來的所謂利益，馬上就會消失不見。

第14章

救救X產業

　　國會的會客室裏擠滿了X產業的代表。X產業奄奄一息，危在旦夕，非拯救不可。只有靠關稅、提高價格，或者補貼，才能救亡圖存。如果任令它衰亡，勞工勢必淪落街頭。他們的房東、附近的雜貨商、肉商、服飾店、戲院，生意都會一落千丈，經濟蕭條會像漣漪一樣，一層層往外擴散。但如果國會快刀斬亂麻，把X產業給救起來——哇，太棒了，它會向其他行業購買設備；更多的人有業可就；他們會向肉商、麵包店、霓虹燈製造商買更多的東西，然後經濟繁榮就會像漣漪一般，一層層往外擴散。

　　這套說詞顯然只是我們上一章談過的狀況的普遍形式。在上一章，X產業是指農業。但是X產業不計其數。煤和銀是其中最著名的兩個例子。為了「拯救白銀」，國會曾造成極大的傷害。主張實施紓困計畫的一種說法，是該計畫可以幫助「東方」。實際造成的結果之一，是導致中國發生通貨

緊縮——一向施行銀本位制的中國，被迫脫離銀本位制。美國財政部不得不以遠高於市價的荒謬價格，大量買進不需要的銀，並且囤積在金庫裏。「銀參議員」的基本政治目標，大可用公然補貼礦業業主或礦工的方式達成，而且造成的傷害和成本遠低於前面的做法。但是美國國會和這個國家，絕不會批准這種赤裸裸的五鬼搬運法。它們會運用意識形態上的胡說八道，以「銀在國家貨幣上扮演不可或缺的角色」為煙幕。

　　為了拯救煤業，國會通過了賈菲法（Guffey Act），在市價低於政府訂定的特定最低價格時，煤礦業主不只獲准，而且被迫聯合起來不賣煤。國會開始訂定煤價之後，政府很快就發現，它總共訂定了35萬種不同的煤價！* （因為有數千座規模不等的煤礦場，而且經由鐵路、貨運、船隻、駁船，運送到數千個不同的目的地。）維持煤價高於競爭市場價位的結果之一，是消費者加快腳步，以其他的動力或熱能來源（如石油、天然氣、水力發電能源）取代煤。今天，政府又試著將使用石油改回用煤。

---

* 1937年「煙煤法」延長實施聽證會上，煙煤科（Bituminous Coal Division）主任丹・費勒（Dan H. Wheeler）的證詞。

2

本章的目的，不是細數歷史上為了拯救特定的行業，所造成的所有結果，而是探討拯救一個行業，必然隨之而來的一些主要結果。

有人可能會說，基於軍事上的理由，非得創造或者保護某個行業不可。有人可能會說，某個行業被不成比例的稅負或工資率壓得喘不過氣來，就要毀於一旦；或者，公用事業公司被迫壓低費率，賺不到合理的利潤。在特定的案例中，這些說法可能有道理，也可能沒道理。本章不談它們，只談拯救 X 產業的一種論調——如果任令它在自由競爭的力量（那個產業的發言人一定稱之為自由放任、無法無天、割喉、狗咬狗、叢林法則的競爭）之下萎縮或消失，它會把整個經濟拖下水；而如果用人為的力量維持它的生存，它就會幫助其他每個人。

本章要談的，是將主張實施農產品平準價格或對 X 產業實施關稅保護的論調擴大討論。我們當然不是只反對以人為力量提高農產品的價格，而是反對對所有的產品這麼做，正如我們曾經說的，不只反對對某個行業實施關稅保護，而是反對對所有的行業這麼做。

　　但是為了拯救 X 產業，總有不計其數的辦法被人提出來。除了我們談過的之外，這種提案還有兩大類，我們用很快的速度談談它們。其中一種表示，X 產業已經「過度擁擠」，所以應該阻止其他公司或勞工再進入。另一種則說，政府應該以直接補貼的方式對 X 產業伸出援手。

　　如果 X 產業相對於其他的產業真的過度擁擠，那就不需要強制立法，排除新的資本或新的勞工。新資本不會搶進顯然奄奄一息的行業。投資人不會貿然踏進損失風險最高、報酬最低的行業。勞工也是一樣，在他們有更好的選擇的時候，不會進入工資最低、就業穩定性前景最差的行業。

　　但是如果因為獨占、卡特爾、工會的政策或者法律，新資本和新勞工被擋在 X 產業之外，他們選擇的自由便被剝奪了。投資人被迫將錢投入其他地方，而那些地方的報酬似乎不如 X 產業好。勞工被迫投身其他的行業，而那些行業的工資和前景，不如所謂病懨懨的 X 產業。簡單的說，資本和勞工的運用效率，都不如允許它們自由選擇時的水準。這麼一來，產量減少的結果，一定會反映在平均生活水準的降低。

　　生活水準降低可能的原因，一是平均名目工資低於本來應有的水準，二是平均生活費用較高，或兩者兼而有之。（確實的結果取決於相關的貨幣政策。）實施限制性的政策，X 產業內部的工資和資本報酬可能高於本來的水準；但

是其他產業的工資和資本報酬，會被壓低到本來應有的水準以下。犧牲A、B、C產業，X產業才能獲益。

3

從國庫直接撥款補貼，拯救X產業的努力，也會得到類似的結果。這只不過是將財富或所得移轉到X產業。X產業中的人獲利多少，納稅人就損失多少。從一般大眾的觀點來看，補貼的一大好處，是這個事實讓人看得一清二楚。工資、最低價格限制、獨占性排外行為的相關論調，往往把人搞得丈二金剛摸不著頭腦，補貼的情形卻輕微得多。

在補貼時，X產業之所得，正是納稅人之所失，這件事十分清楚明白。這麼一來，X產業之所得，正是其他產業之所失，也應該十分清楚明白。用於支持X產業的稅款，有一部分是它們繳納的。為了支持X產業，負擔一部分稅款的顧客，也少掉了那麼多的所得，不能拿去買別的東西。結果一定是其他產業的平均規模小於原來應有的水準，才有可能讓X產業壯大。

但是補貼的結果，不只是財富或所得的移轉，或者其他產業全體的萎縮程度和X產業的擴張程度一樣大。資本和勞工也會被擋在它們可以被更有效率運用的產業之外，被迫轉

進運用效率較差的產業（這正是國家整體發生淨損失的原因）。創造出來的財富變少了。平均生活水準低於原來應有的水準。

4

事實上，為了補貼X產業所提出的說帖，已經種下這些結果的因。X產業其實是因為其他產業的興起而告萎縮或沒落。或許可以這麼問：為什麼應該給它人工呼吸器，讓它繼續生存？有人說，經濟擴張的意思，是指所有的產業應該同時一起擴張。這種說法大錯特錯。為了讓新的產業能夠快速成長，通常有必要放手讓若干舊產業萎縮或消逝。這麼做，才能釋出必要的資本和勞工，供新產業使用。要是我們以人為的力量，維持馬車業繼續存在，一定會減緩汽車業的成長步調，更別提依賴汽車業的其他所有行業。這麼一來，所創造的財富會減少，經濟和科技的進步會受阻。

當我們為了保護受過訓練的勞工，或者已經投入的資本，而試著阻止某個產業消失時，所做的事情正是如此。為了增進經濟活力，有必要放手讓奄奄一息的產業消逝，正如應該允許成長中的產業繼續成長一般。在某些人看來，這種說法可能似是而非。但是，第一個程序是第二個程序所不可

或缺的。保護落伍過時的產業，和保存落伍過時的生產方法一樣愚不可及；事實上，這往往只是描述同一件事情的兩種方法。改良後的生產方法，應該不斷取代過時老舊的方法，才能以更好的商品和更好的手段，同時滿足舊需求和新欲求。

第15章

價格體系如何運作？

　　本書的要旨，可以彙整成一句話：研究任何經濟提案的效果時，不能只探討立即的結果，也應該探討長期的結果；不只探討主要的影響，也要探討次要的影響；不只看某個特殊群體受到的影響，也要看每個人受到的影響。推而廣之，注意力只專注於特別的某一點，比方說只探討某個行業發生了什麼事，卻不考慮所有的行業發生了什麼事，這是自欺欺人的行為。但是正因為人們傾向於墨守成規，懶得多思考，喜歡把特定的行業或程序拿出來單獨討論，於是經濟學上重大的謬論應運而生。這些謬論，不只充斥在特殊利益團體聘用的發言人的言詞當中，連影響深遠的一些經濟學家也侃侃而談。

　　只見其一，不見其二的謬論，正是「生產致用而非用以追求利潤」（production-for-use-and-not-for-profit）學派的理論基礎。他們用那種謬論，抨擊所謂邪惡的「價格體系」。

這個學派的忠實信徒說，生產問題已經解決了。（我們將會談到，這種大謬不然的錯誤，也是大部分貨幣怪論和共享財富等欺人之談的起點。）他們表示，科學家、效率專家、工程師、技術人員，已經解決了生產問題。只要你說得出來的任何東西，他們都可以大量、無止盡地生產出來。可惜這個世界並不是由只想到生產問題的工程師所主宰，而是由只想到利潤的企業家所主宰。企業家指揮工程師，不是工程師指揮企業家。只要有利可圖，這些企業家會把任何物品生產出來，一旦生產某種物品無利可圖，邪惡的企業家就會停止生產，不管許多人的欲求還沒有得到滿足、整個世界渴望著有更多的產品。

這個觀點包含許多謬論，很難馬上抽絲剝繭，一一解開。但是我們談過，其核心錯誤在於只看一個行業，或甚至輪流看幾個行業，好像它們個個單獨存在似的。其實，每一個行業都和其他所有的行業有關係，每個行業所做的決定，會受其他所有行業所做決定的影響，而且也會去影響它們。

如果我們了解企業界必須集體解決的基本問題，就會更明瞭這一點。為了盡可能簡化，我們先談魯賓遜（Robinson Crusoe）流落荒島時面對的問題。他一開始所需要的東西，似乎沒完沒了。他被雨淋得全身濕透；冷得顫抖不已；既饑又渴。他需要的東西太多了：飲水、食物、遮風避雨的屋

頂、可抵抗野獸的自保工具、火、可以躺下來睡覺的軟床。他不可能一下子滿足所有這些需求，因為沒那麼多時間、精力或資源。他必須先立即解決最迫切的需求。比方說，口乾舌燥最令他難過，於是他在沙地上挖洞收集雨水，或者做個粗糙的容器。等到有了少量的水，接著必須尋找食物，然後再想怎麼讓水的供給源源無缺。他可以想辦法抓魚，不過，要抓到魚，他需要魚鉤和線，或者一張網，而且必須先張羅好這些事。但是不管他做了什麼事，其他不是那麼急迫的事就沒辦法做了，或者只能挪到以後再說。他經常得思考時間和力氣要用在哪裏。

在《海角一樂園》（*Swiss Family Robinson*）這部電影裏，同樣獨守孤島的那戶家庭，比較容易解決他們面對的問題。雖然有比較多張嘴要養活，卻也多了好幾雙手。他們可以實施專業分工，例如父親負責狩獵，母親準備三餐，孩子們撿木柴。但即使是這戶家庭，也不能讓某位成員永遠只做相同的事，而不管他所做的事和其他仍未獲得滿足的事情之間的相對急迫性。孩子們撿了一堆木柴之後，再撿更多，一下子也用不了。沒多久，其中一個人可能被派去找水。這戶家庭也得時時思考要把力氣花在哪裏，而如果他們運氣夠好的話，有了槍、釣魚用具、船、斧頭、鋸子等等，更得思考勞力和資本要用在什麼地方。要是負責撿木柴的小孩抱怨

說，如果哥哥肯丟下抓魚當晚餐的差事，整天幫他撿木柴，他會撿得更多，這種話一定會被認為蠢得無以復加。從上面單獨一人或單獨一戶家庭的故事，我們看得很清楚，某件工作做多了，一定會犧牲其他所有的工作。

類似這樣粗淺的說明，有時被譏為「魯賓遜經濟學」。很遺憾，最需要了解這種經濟學的人，正好是冷嘲熱諷得最厲害的人，因為就算我們用這麼簡單的形式，說明相關的原則，他們也不能理解，或者，在他們探討錯綜複雜的現代經濟社會時，竟把那個原則完全拋在腦後。

2

我們現在就來談現代社會。在這樣一個社會中，勞力和資本應該用在什麼地方，以滿足成千上萬、急迫性不等的不同需求和欲求呢？解決的辦法，是透過價格體系，也就是經由生產成本、價格和利潤三者間不斷變動的交互關係去解決。

價格是經由供給和需求的關係決定的，並且回過頭來影響供給和需求。人們想要擁有更多的某樣物品時，會出更高的價格去買。於是價格上漲。生產那種物品的人，獲利因此增加。由於生產那種物品的利潤，現在高於其他的物品，所

以已經從事那一行的人，開始擴增產量，也吸引更多的人踏
進那一行。這一來，供給增多，價格下滑，獲利率也減低，
直到那種物品的獲利率再次跌到其他行業的一般利潤水準
（考慮了相對風險）為止。或者，那種物品的需求可能減
退；或者，供給可能增加，導致價格下跌，利潤低於其他的
物品；或者，生產那種物品反而發生虧損。這種情況下，
「邊際」生產者（也就是效率最低或成本最高的生產者）會
被迫歇業。現在只有成本較低、效率更高的生產者製造那種
物品。那種商品的供給也會減少，或者至少停止增產。

有人認為價格是由生產成本決定的，理由正是上面所說
的程序。用這種形式表述的理論是不對的。價格是由供給和
需求決定，而需求是由人們多麼渴望想要擁有某種商品，以
及必須用什麼東西去交換來決定。沒錯，供給有一部分取決
於生產成本。一種商品以前的生產成本，不能決定其價值。
其價值取決於供給和需求目前的關係。但是企業家對於一種
商品未來的生產成本，以及將來的價格會是多少的預期心
理，將決定那種商品會生產多少。這會影響未來的供給。因
此，一種商品的價格和它的邊際生產成本總是傾向於彼此相
等，但並不是因為邊際生產成本直接決定價格的緣故。

這麼一來，私人企業體系或許可以比擬為成千上萬台機
器，各自由本身的半自動化調節器來管理。這些機器和它們

的調節器全都連結在一起，彼此影響，因此它們實際上像一台大機器一樣運作。大部分人一定曾經注意過蒸汽機上面的自動化「調節器」。它通常是由兩顆球或重錘組成，利用離心力原理運作。引擎速度加快的時候，這些球會飛離它們所連繫的金屬桿，因此自動縮小或關閉調整蒸汽送入量的節流閥，進而減慢引擎的轉速。相反的，如果引擎的速度太慢，球會跌落，擴大節流閥，加快引擎的速度。因此，速度一偏離理想的水準，矯正偏離的力量就會啟動。

成千上萬種不同商品的相對供給量，正是用這種方式，在自由競爭的私人企業體系中調節。人們需要擁有更多的某種商品時，競相出價之下，會使它的價格升高。生產那種產品的製造商，利潤會增加，進而刺激他們增產。其他的製造商停止生產以前生產的某些產品，轉而生產可讓他們獲得更高報酬的這種產品。但是這種商品的供給量增加的同時，其他一些商品的供給量減少。這種商品的價格因此相對於其他的商品下跌，刺激產量相對增加的誘因就消失了。

同樣的，如果某種產品的需求減退，這種產品的價格和利潤會下跌，產量當然也會減少。

不了解「價格體系」，並且對它非難有加的人，對於上一段所說的情形大表不滿。他們指責價格體系製造出匱乏（scarcity）。他們義憤填膺地問道：為什麼在生產鞋子不再有

利可圖的時候，製造商要停止生產？為什麼他們唯利是圖？為什麼他們被市場牽著鼻子走？為什麼他們不「利用現代的技術製程，產能全開」來生產鞋子？這些「生產致用」的哲學家一口咬定，作出結論說：價格體系和私人企業只是「匱乏經濟學」的一種形式。

這些問題和結論，都是源自只觀察一種行業，見樹不見林的謬誤。在某一點之前，我們有必要生產鞋子。但是我們也有必要生產外套、襯衫、長褲、住宅、犁、鏟、工廠、橋樑、牛奶和麵包。只因為我們有能力做鞋子，於是做出過剩的鞋子堆積如山，卻不去滿足成千上百還沒有獲得滿足的需求，可說是其笨無比的做法。

經濟處於均衡狀態時，一種行業的擴張，必然犧牲其他的行業。在任一時點，生產要素都有其極限。一種行業能夠擴張，是因為本來用於其他行業的勞工、土地和資本移轉到它那裏。而當某一行業萎縮或者停止擴增它的產出，並不表示總體生產出現淨減少的情形。由於那個行業萎縮，才有可能釋出勞工和資本，允許其他的行業擴張。因此，因為某個行業的生產減少，就說總生產縮減，是錯誤的結論。

簡單的說，生產每一樣東西，都得犧牲放棄其他某樣東西。生產成本其實可以定義為：為了生產某樣事物而放棄的其他事物（休閒和娛樂，或可以做為其他用途的原料）。

　　接下來我們便可以推論：為了讓生機蓬勃的經濟維持健全，除了應該促使成長中的行業繼續成長，也應該放手讓沒落中的行業消逝。沒落中的行業所吸收的勞工和資本，應該釋出供成長中的行業使用。價格體系雖然備受指責，卻只有它能夠解決極其複雜的問題，十分精確地決定成千上萬種不同的商品和服務彼此相對應該生產多少。這道本來複雜難解的公式，靠價格、利潤和成本體系的半自動化運作，可以迎刃而解。這套系統解決問題的效果，遠優於任何一群官僚的解決能力，因為這套系統的解決方式，是由每一位消費者每天根據本身的需求，投下新的一票，或者新的十幾票。官僚的解決方式，則是試著為消費者決定他們的需求；那不是消費者本身想要的，而是官僚認為對他們有好處的東西。

　　不過，由於官僚不了解市場這種半自動化體系，因此總是惶惶不安。於是他們一直企圖改善它或矯正它，而且通常只求滿足某些壓力團體的利益。他們的干預行動所造成的一些結果，我們會在接下來各章中討論。

第16章

「穩定」物價

　　想要拉高特定商品的價格，使它永遠高於市場價格的自然水準，這樣的企圖往往失敗得很慘。因此，精明老練的壓力團體，以及承受他們壓力的官僚，極少公然揭櫫這個目標。他們公開表示的目標，尤其是在他們首次建議由政府出面干預時，往往比較溫和，聽起來也比較合情合理。

　　他們宣稱，他們無意使X商品的價格永遠高於它的自然水準。他們承認這麼做對消費者不公平。但是它目前的售價顯然遠低於它的自然水準，生產廠商無法賺錢糊口。除非我們馬上採取行動，否則他們會被迫關門歇業。到那時候，產品就會匱乏，消費者就不得不支付高得嚇人的價格去買那種商品。消費者現在買得便宜，將來可得付出慘痛的代價，因為目前「暫時性」的低價不可能永遠維持下去。但是我們實在不能等候所謂的自然市場力量，或者「盲目的」供給與需求定律來矯正眼前的狀況。因為到那時候，生產廠商已經倒

閉，人人都得面對大匱乏的窘境。所以政府必須有所行動。
我們想做的，其實只是矯正這些劇烈、無意義的價格波動。
我們並非想要拉高價格，只是試著穩定它。

　　他們提出的辦法通常有幾種，最常見的一種，是由政府
貸款給農民，協助他們暫時不到市場上出售穀物。

　　國會議員促請政府實施這種貸款，所提出的理由，在大
部分人聽來都覺得非常有道理。議員告訴他們，農民的穀物
都在收成時節一股腦倒進市場，這時正是價格最低的時候，
投機客乘機買進，囤積到穀物的供給量再次減少，才以比較
高的價格賣出。這麼一來，受害的是農民，因為應該賣到比
較高價格的是農民，不是投機客。

　　不管是理論或是實際經驗，都無法支持這種論調。飽受
抨擊的投機客，不但不是農民的公敵，更應該說是農民的益
友。農產品價格波動的風險，必須由某個人承擔；在現代的
經濟中，這些風險其實主要是由專業投機客承擔的。大致來
說，專業投機客為了本身的利益，表現得愈稱職，對農民的
幫助愈大。投機客愈懂得照顧本身的利益，他預測未來價格
的能力就愈強。而他們預測未來價格的準確度愈高，價格的
波動就愈不那麼激烈或極端。

　　因此，即使農民必須在一年裏的某個月，把全部的小麥
收成一股腦倒進市場，那個月的價格也不見得會低於其他任

何月份（除了有時需要反映倉儲成本之外）。投機客如果想
要獲利，就會在那個時期集中買進小麥。他們會一直買，直
到價格漲到他們覺得將來沒有獲利希望時為止。每當他們預
見將來會有損失，就會賣出。結果是，一年到頭，農產品的
價格趨於穩定。

正因為有專業級的投機客一肩承擔了這些風險，農民和
食品加工業者才可以免除風險。透過市場，他們得到了保
護。所以說，在正常的情況下，當投機客表現稱職時，農民
和加工業者的利潤主要取決於本身的耕種技巧和勤奮與否，
不受市場波動的影響。

實際的經驗告訴我們，大致來說，小麥和其他不易腐壞
的穀物一整年的價格都相同，除了有時必須反映倉儲、利息
和保險費用時例外。其實，仔細研究可以發現，收成季節之
後的平均單月漲幅並不足以支付倉儲費用，所以投機客實際
上對農民提供了補貼。投機客當然沒那麼好心；這只是投機
客經常過於樂觀造成的結果。（這種傾向似乎遍及許多野心
勃勃的企業家：他們這群人經常有違本意地反而補貼了消費
者。每當可望獲得巨大的投機利益時，更是如此。購買樂透
彩的投機客，全都賠了錢，因為每個人都抱著不切實際的期
望，想要押中那少之又少的大獎。同理，投入淘金和開採石
油的勞力與資本總值，也往往超過開採出來的黃金或石油的

總值。）

　　但是當政府介入收購農民的穀物，或者貸款給他們，使其不把穀物送到市場上出售，情況卻大不相同。有時，這是以維護所謂的「常平糧倉」（ever-normal granary）之名而實施。但是從價格和每年的穀物存貨結轉紀錄可以看出，正如前面說過的，這個功能已經由私人組織的自由市場執行得很好。等到政府介入，常平糧倉其實成了政治糧倉（ever-political granary）。政府用納稅人的錢，鼓勵農民過度保留穀物的收穫量。提出政策的政治人物，或者負責執行的官員，一心一意想搶農民的票源，總是把農產品所謂的公平價格，訂在當時的供需狀況所允許的水準之上。這一來，買方人數減少，常平糧倉因此往往成為不常平糧倉（ever-abnormal granary）。過多的存貨被留在市場之外，結果造成價格暫時高於應有的水準。只不過，隨之而來的是日後價格遠低於應有的水準。今年用人為的力量，保留一部分收成不上市，製造出短缺現象，表示明年會有人為力量製造的過剩發生。

　　以這套辦法用在美國棉花上為例，詳細說明實際發生的事例，會占去太多的篇幅。* 我們囤積了整整一年的收成，

---

* 但是以棉花為例，啟發作用尤大。迄1956年8月1日止，棉花的結轉存貨量創14,529,000包的新高紀錄，超過一整年的正常產量或消費量。政府的因應之道是改變辦法，決定向棉農買進大部分的收成，

破壞了本國棉花的海外市場，刺激其他國家棉花的成長，反過來傷害了自己。反對實施限制和貸款政策的人，早就預測會有這樣的結果。等到真的發生那些事情，必須為結果負責的官僚只是輕描淡寫地說，那些事情不管怎樣都會發生。

貸款政策通常伴隨著限產政策，或者不可避免地會引出限產政策——也就是製造匱乏的政策。「穩定」物價的努力，十之八九是把生產者的利益擺第一。實際的目標是將價

再立即以折價轉售。為了再次在世界市場上銷售美國的棉花，政府對出口棉花的補貼金額先是每磅6美分，1961年提高為8.5美分。這個政策確實減低了原棉的結轉存貨量。但是除了納稅人被迫承受損失之外，美國的紡織品在海內外市場，相對於外國紡織品也嚴重居於劣勢。美國政府等於補貼了外國紡織業，卻犧牲了本國的紡織業。這是典型的由政府限定價格的辦法，結果是避開了某個壞結果，卻造成另一個更壞的結果。[1]

[1] 自作者寫下上段文字之後，情況並沒有改善。《投資人商務日報》（*Investor's Business Daily*）1995年9月29日報導：「從1986年到1993年，棉花的常平糧倉辦法總共花費120億美元的成本，平均一年15億美元。而且，和許多農業計畫一樣，大量的給付流向少數的生產者。例如1993年，不到96,000位棉農瓜分了這筆收入。」消費者額外負擔的成本也很高。根據美國國會審計處（GAO）1995年7月20日發表的研究報告，前八年內，這套辦法平均每年給社會造成7億3,800萬美元的成本。同一份報告作結道：「棉花計畫已經演變成所費不貲、極其複雜的國內和國際價格支撐辦法，對棉花生產者有利，卻讓政府和社會負擔成本。」第104屆美國國會改革這套計畫的努力，終告失敗。

格立即推高。為了做到這件事，通常會對受管制的每一位生產者實施等比例的限產措施。這會立即產生幾個壞影響。假使管制措施能夠及於全球，那就表示全球的總產量會降低。因此，世界上的消費者能夠享用那種產品的數量，低於不受限制的時候。所以整個世界變窮了。由於消費者被迫以高於應有水準的價格購買那種產品，能夠花在其他產品上面的錢，所減少的程度當然相同。

2

　　主張實施限產政策的人通常答稱，在市場經濟中，產量無論如何都會下降。但是前一章談過，這裏面有個根本上的不同點。在自由競爭的市場經濟中，因為價格下跌而被逐出市場的，都是高成本的生產者，也就是無效率的生產者。以農產品來說，被淘汰的是能力最差，或設備最差，或耕種土壤最差的農民。在最肥沃的土壤上耕種，能力最強的農民，根本不必限制產量。相反的，如果價格下跌是平均生產成本下降促成的，而且反映在供給增加上，那麼在邊際土地上耕種的邊際農民被淘汰出場，有助於在好土地上耕種的好農民擴大產量。因此長期而言，農產品的產量可能不會減少，而且是以永久性的較低價格生產和銷售。

　　要是結果真是這樣，那麼那種商品的消費者，獲得的供給量會和以前一樣充裕。但是由於價格便宜了，他們會有以前所沒有的多餘金錢，可用以購買其他的東西。顯然，消費者會過得比以前更好。他們增加購買其他產品，會使其他行業的雇用人數增多；這些行業會吸收以前的邊際農民，從事比以前獲利更高和更有效率的職業。

　　回到政府出面干預的情況。一視同仁等比例限制生產的結果，不但高效率的低成本生產者不准以低價供應所有的產量，連無效率的高成本生產者也因人為的力量，被留在業內。這麼一來，產品的平均生產成本提高，生產效率低於應有的水準。被留下來的無效率的邊際生產者，繼續占用土地、勞工和資本，而這些土地、勞工和資本如能挪作他用，獲利和效率可能高得多。

　　有人說，由於實施限產辦法，至少農產品的價格提高了，而且，「農民擁有更多的購買力」。但是，他們是從都市消費者那裏拿走購買力，自己的購買力才會升高那麼多。（前面在平準價格的分析中，已經談過所有這些背景資料。）給農民錢，要他們限制產量，無異於強迫消費者或納稅人付錢給什麼事都不必做的人。這種政策的受益者當然獲得了「購買力」。但是其他的某個人卻失去了等量的購買力。整個社群的淨損失，是產量下滑，因為它力挺某些人不必生產。

由於每個人能買的東西變少，可以供應的東西減少，實質工
資和實質所得一定下降（可能是實際金額減少，也可能是生
活費用升高）。

　　但是如果我們試圖拉高某種農產品的價格，卻不對產量
施加人為的限制，那麼價格過高的農產品，沒有賣出去的過
剩產量會繼續愈堆愈高，直到那種產品的市場終於崩潰為
止，而且嚴重的程度遠甚於從來不曾實施管制計畫的時候。
或者，不受限產計畫管制的其他生產者，在人為高價的刺激
下，會爭相大幅擴增他們本身的產量。英國的橡膠生產設限
和美國的棉花生產設限計畫，都發生過這種事情——價格終
於暴跌，其程度遠比不實施限產計畫嚴重。一開始時敲鑼打
鼓，謀求「穩定」價格和市況的計畫，到頭來反而造成價格
不穩定，而市場的自由力量根本不可能造成那麼嚴重的後
果。

　　然而新的國際商品管制計畫，還是不斷被人提出。我們
聽到他們說，這一次，他們會避開過去犯下的所有錯誤。這
一次，設定的價格不只對生產者「公平」，也對消費者「公
平」。生產國和消費國會就這些公平的價格達成共識，因為
雙方都會保持理性。限定價格時，一定會「公正」分配各國
的生產量和消費量；只有那些愛冷嘲熱諷的人才會說風涼
話，預期各國意見一定擺不平。最後，一定會出現有史以來

最大的奇蹟：這個實施超級國際管制和強制計畫的世界，也會變成「自由」國際貿易的世界！

　　政府規畫官員在這種推論中，所說的自由貿易，到底是什麼意思，我不十分清楚，但是他們的言下之意不包含哪些事情，我們倒是相當確定。他們的意思絕對不是說，普通老百姓可以依他們喜歡的價格或費率、在他們覺得獲利最大的地方，去從事自由買賣或者借貸。他們的意思絕對不是說，升斗小民可以愛增產多少就增產多少作物、可以自由來來去去、可以落居在自己喜歡的地方、帶著自己的資本和財物到處跑。我懷疑他們的意思是說，官僚可以為所欲為，替他決定這些事情。他們告訴他，如果他乖乖聽官僚的話，可以得到的獎賞是生活水準提高。但是如果規畫官員成功地將國際合作的觀念，和國家主宰、控制全民經濟生活的觀念掛鉤，那麼各國共同控制未來的做法，很有可能重蹈過去的型態──一般人民的生活水準，隨著他們的自由減縮而每下愈況。

第17章

政府管制價格

　　政府把商品價格限定在自由市場水準之上的做法,我們已談過它造成的一些影響。現在來談談政府將商品價格限定在自然市場水準之下的一些結果。

　　這種限定價格的做法,幾乎所有國家的政府在戰時都曾經實施過。本章不打算探討戰時管制價格的智慧。戰爭如火如荼進行時,整個經濟必然由國家所掌控,必須考慮的錯綜複雜狀況,超越本書探討的主要問題太遠。* 但是戰時管制價格的做法,不管明智與否,即使原始原因已經消失,但幾乎所有的國家在戰後很長一段時間內仍然繼續實施。

　　戰時的通貨膨脹會帶來壓力,促使政府起而管制價格。

---

* 但是我自己的結論是,雖然政府的某些優先要務、分配或配給措施也許難以避免,政府管制價格的舉動,在戰爭期間造成的傷害特別大。訂定價格上限需要有配給措施來配合(即使屬暫時性質),反之則不然。

本書撰稿時，大部分國家歌舞昇平，但是幾乎每個國家遇到通貨膨脹壓力升高，總是動心起念，想要管制物價，即使實際上並沒有真的去做。雖然管制物價在經濟上一定有害（如果不說具有破壞力的話），但是從官員的立場來看，至少具有一項政治利益——政府暗示管制價格，等於把物價上漲的原因，歸罪於企業家的貪得無厭，卸脫官員本身採行的貨幣政策，才是造成通貨膨脹壓力的主因。

我們先來談政府企圖限定單一商品，或者少數一些商品的價格，低於自由競爭市場的價格，會發生什麼事。

政府準備只管制少數一些商品的最高價格時，通常會選擇基本必需品下手，理由在於讓窮人能夠以「合理」的價格買到它們，這是重點。假設政府為了這個目的，選定的產品是麵包、牛奶和肉類。

政府為了壓低這些產品的價格，提出的說帖大致如下：如果我們放任自由市場決定牛肉的價格，那麼在消費者競相出價購買之下，價格會被推高，最後只有富人買得起。消費者買到的牛肉多寡，和本身的需求高低無關，只和購買力成正比。如果我們壓低價格，每個人都會得到公平的一份。

這套說帖引人注目的第一件事，是如果它言之成理，那麼這個政策根本前後不一致而且太過膽小。如果決定牛肉以市價每磅2.25美分分配的因素是購買力，不是需求，那麼可

以在稍微比較小的程度內,決定法定「上限」價格為每磅
1.50美分。其實,只要牛肉是必須付費才能取得的,所謂
「由購買力而非需求決定」(purchasing-power-rather-than-need)
的論調,怎麼講都可以。只有在牛肉免費奉送時才不適用。

但是限定最高價格的措施,通常一開始是為了「維持生
活費用不再上漲」。因此主張這麼做的人,無意間假設了有
個特定的「正常」市場價格或神聖不可侵犯的市場價格存
在。這正是他們著手管制價格的起點。這個起始價格或以前
的價格,被視為「合理」,比它高的任何價格都「不合理」,
而不去管從那個起始價格首次建立以來,生產或需求狀況改
變了多少。

2

在討論這個主題時,如果假設價格管制是把價格正好固
定在自由市場價格上,是沒有意義的。這就和根本不實施價
格管制沒有兩樣。我們必須假設民眾的購買力大於產品的供
給,而且政府將價格壓到低於自由市場的價位。

任何商品的價格被壓低到低於它的市場價位,一定會帶
來兩個結果。第一個是那種商品的需求增加。由於價格變得
便宜,人們一方面會想買更多,另一方面也有能力買更多。

第二個結果是減低那種商品的供給。由於人們購買更多,累積供貨從陳列架上被人買走的速度加快了。但是廠商不太願意生產那種商品,因為獲利率降低或者毫無利潤可言。邊際生產者倒閉。連效率最高的生產者也可能迫於政府的指示,不得不虧本產銷產品。二次世界大戰期間,美國的物價管理局曾經要求屠宰場繼續屠宰和加工肉品,售價卻低於購買活牛和雇用屠宰加工工人的成本。

因此,如果我們什麼事也不做,限定某種商品最高價格的結果,將是造成那種商品缺貨。這正和政府主管機關的本意背道而馳。政府主管機關希望某些商品供給充裕,才會選上它們限定最高價格。但當主管機關只限制生產這些商品的人賺取的工資和利潤,卻不限制生產奢侈品或半奢侈品的人賺取的工資和利潤,反而抑制了受到價格管制的必需品的產量,刺激了非必需品的生產。

其中一些結果,主管官員遲早會看得很清楚。他們接著會採取其他各種辦法和管制措施,試圖扭轉情勢。這些辦法包括配給、成本管制、補貼和全面管制價格。我們依序來討論它們。

當某種商品因為價格限定在市場價位以下,缺貨變得很明顯時,富裕的消費者會遭到指責,說他們得到「超過公平的一份」;或者,如果是製造業使用的原物料,個別公司會

被指責「囤積居奇」。於是政府採行一套規則，規定誰優先購買那種商品，或者分配給誰，以及分配多少，或者規定應該如何配給。如果實施配給制度，就表示每位消費者最多只能得到一定的供給量，不管他多麼願意花錢買到更多。

　　簡單的說，實施配給制度時，政府採取的是雙重價格體系，或者是雙重貨幣體系，每位消費者除了持有一定數量的普通貨幣，還必須擁有一定數量的票券或「點數」。換句話說，政府試著利用配給，執行自由市場透過價格所做的部分工作。我說只是「部分工作」，是因為配給只限制需求，卻沒有像價格上漲那樣，也刺激供給。

　　政府可能擴大管制一種商品的生產成本，以確保供給無虞。比方說，為了壓低牛肉的零售價格，政府可能限定牛肉的批發價格、屠宰場的牛肉價格、活牛的價格、飼料的價格、農場工人的工資。為了平抑牛奶的價格，政府可能試著限定牛奶運貨司機的工資、容器的價格、農場的牛奶價格、飼料價格。為了限定麵包的價格，政府可能限定麵包店的工資、麵粉價格、食品加工業者的利潤、小麥的價格等等。

　　但在政府繼續擴大價格管制的時候，也同時擴大了當初採取這種做法產生的後果。假使政府有勇氣限定這些成本，也有能力執行，那麼它不過是給生產最終商品的各種生產要素（如勞工、飼料、小麥等等）製造出短缺現象罷了。這麼

一來，政府忙著管制愈來愈多的商品，最後的結果和全面管
制價格沒兩樣。

　　政府也可能透過補貼，設法克服它遭遇的困難。舉例來
說，政府可能發現，當它把牛奶或奶油價格壓到低於市場水
準以下，或者它限定的其他價格的相對水準以下時，由於生
產牛奶或奶油，和其他商品的工資或獲利率相比偏低，短缺
便有可能發生。因此，政府為了補救這種現象，於是補貼牛
奶和奶油的生產者。姑且不談做這件事，在行政作業上的困
難度如何，並且假設補貼剛好足夠確保牛奶和奶油的相對產
量恰合所需，我們看得很清楚，雖然補貼是付給生產者，真
正得到補貼的卻是消費者。整體而言，生產者銷售牛奶和奶
油的收入，並不比按照自由市場價格收費時要好；但是消費
者買到的牛奶和奶油，遠低於自由市場價格。兩者的差價，
正是他們獲得的補貼金額——也就是政府表面上付給生產者
的補貼金額。

　　現在，除非接受補貼的商品也實施配給，否則購買力最
強的人會買到最多。也就是說，他們得到的補貼，多於購買
力較低的人。到底誰補貼了消費者，取決於政府如何課稅。
但是納稅人如果既是消費者，便由自己補貼自己。到底由誰
補貼誰，這個迷宮變得有點難以追蹤。人們忘記了補貼的錢
必須由某人來支付，而且我們找不到方法，能讓整個社群吃

免費的午餐。

3

　　價格管制經常可在相當短的時間內收到效果。在愛國意識和危機感高漲的期間，尤其是戰時，它似乎有段時間運作得很好。但是實施時間愈長，困難度愈高。當政府以人為的力量強制壓低價格，需求會長期超越供給。前面說過，如果政府為了防止某種商品供給短缺，也設法降低它的生產成本，把勞工、原物料和其他生產要素的價格壓低，最後也會造成這些生產要素供給短缺。如果政府決定這麼做，不只會發現有必要一而再，再而三向下「垂直」擴大價格管制，也會發現有必要「水平」擴大價格管制。一種商品實施配給之後，沒有獲得滿足的民眾，如果依然擁有過剩的購買力，一定會轉向其他某種替代品。換句話說，實施配給的商品供給日益短缺，一定會對仍未實施配給的商品形成愈來愈大的壓力。假如政府能夠有效地防止黑市出現（或者至少阻止它們的規模不致大到令法定價格形同虛設），那麼持續性的價格管制，一定會使愈來愈多的商品都採用配給制度。政府不會只針對消費者實施配給。二次世界大戰期間，政府即首次分配原物料給生產者。

　　簡單的說，全面徹底的價格管制，企圖將某種歷史價格
水準永久化，最後自然會製造出一個完全受到管制的經濟
體。工資必須像物價那樣，以嚴厲的手段壓低。勞工必須像
原物料那樣，冷酷無情地被施以配給。最後的結果將是政府
不只告訴每一位消費者，每一種商品他能夠擁有的確切數量
是多少；政府也告訴每一家製造商，每一種原物料它能夠擁
有的確切數量是多少，以及勞工能夠雇用多少。政府不能容
忍廠商競價購買原物料，也不容許競價招攬勞工。結果會形
成死氣沉沉的極權經濟，每一家公司和每一位勞工都受政府
宰制，最後則是放棄我們曾經擁有的所有固有的自由。約兩
個世紀前，亞歷山大・漢彌爾頓（Alexander Hamilton）在
《聯邦論》（*Federalist Papers*）一書指出：「掌控一個人的生
計，等於掌控他的意志。」

4

　　被人稱為「完美」、長久持續和「無關政治」的價格管
制，最後的結局竟是這個樣子。無數國家的例子告訴我們，
官僚鑄下的一些大錯，是靠黑市來減輕它們的嚴重性。這在
二次世界大戰戰時和戰後的歐洲尤其明顯。在有些國家，黑
市不斷成長壯大，破壞法律認可的價格管制市場，直到喧賓

奪主，反成了真正的市場為止。但是位高權重的政治人物，藉著名義上維持價格上限，試圖向人們展現他們立意正確，只是執行成效不彰。

但是，由於黑市終於取代了合法的限價市場，我們不能說一點傷害都沒有造成。經濟和道德同蒙其害。歷史悠久的大公司已經投入高額的投資，也十分依賴得來不易的商譽，在過渡期間卻被迫限制或者停止生產。它們的地位被毫無信譽、資本極低、生產經驗不足的公司取代。這些新公司的經營效率遠低於它們所取代的公司。它們生產低劣不實的產品，而且成本高出許多。反觀老公司，為求永續經營，不得不力求壓低成本。欺瞞不實蔚為風尚。新公司之所以能夠生存或成長，是靠它們願意違法亂紀；顧客和它們沆瀣一氣；道德淪喪自然而然遍及所有的企業經營層面。

此外，開始著手管制價格的主管機關，很少是真心誠意只想維護現行的價格水準的。他們宣稱，他們的目的在於「維持現狀」。但是要不了多久，他們假藉「矯正不公」或「社會不義」之名，開始實施歧視性的價格管制做法，給政治力量強大的群體最多的優惠，其他的群體則所獲最少。

今天，我們最常用投票票數的多寡來衡量政治力量的強弱。主管機關最喜歡討好的群體，是勞工和農民。起初，他們表示，工資和生活費用沒有關聯性；不必提高價格，工資

也能輕而易舉調升。等到情況明朗，發現不犧牲利潤，無法
提高工資，官僚便開始聲稱，反正利潤已經夠高，提高工資
和平抑價格仍能讓生產者獲得「合理的利潤」。由於世界上
沒有「每一家公司的獲利率都相同」那回事，這項政策的結
果，是將獲利能力最差的公司完全淘汰出局，並且導致若干
商品的產量減少或停產。這表示失業率升高、生產萎縮、生
活水準下降。

5

到底為什麼要費那麼大的勁，去限定最高價格？首先是
他們誤解了導致價格上漲的原因。價格上漲的真正原因，是
產品匱乏或貨幣過剩。法定價格上限沒辦法解決這兩個原
因。事實上，我們談過，這只會使產品短缺的現象更加嚴
重。至於貨幣過剩該怎麼辦，我們會在後面某一章討論。但
是，限定價格背後的謬誤之一，是本書的主題。政府提出無
數的計畫，選上某些商品，企圖提高它們的價格時，只想到
他們最關心的生產者的利益，卻忘掉消費者的利益。同樣
的，以一紙法令平抑物價的計畫，只想到人們身為消費者的
短期利益，忘掉他們身為生產者的利益。民眾支持這些政
策，也同樣出於類似的混淆。人們當然不想花更多錢去購買

牛奶、奶油、鞋子、家具、劇院入場券、鑽石、支付房租。這些東西的價格一上漲，消費者肯定憤憤不平，感覺遭人予取予求。

唯一的例外，是自己生產的東西；他非常清楚價格上漲的原因，也認為漲得有道理。不過，人總是覺得自己的事業不可一概而論，不是嗎？他會說：「我的事業，相當特別，一般人根本不了解。人工成本已經上漲；原物料價格也上漲；這種或那種原物料不再進口，而國內的生產成本比較高。此外，這種產品的需求已經上升，應該被允許收取必要的價格，鼓勵擴張供給，以滿足需求。」每個人當消費者時，會買一百樣不同的東西；當生產者的時候，通常只生產一樣產品。那種產品的價格被壓低，他會覺得很不公平。而且，就像每位製造商希望他的特殊產品價格能夠上漲，每位勞工希望工資或薪水能夠調高一樣。每個人身為生產者的時候，都看得出價格管制，限制了本身的生產。但是幾乎每個人都不願將觀察到的這件事，推而廣之擴大到全體，因為這表示他必須付更多錢去買別人的產品。

簡單的說，我們每個人都有多重的經濟性格。每個人都是生產者、納稅人，也是消費者。他所支持的政策，取決於當下對自身的特殊考量。因為他有時是甲醫生，有時是乙病人。身為生產者時，他希望物價上漲（主要著眼於本身的服

務或產品）；身為消費者時，他希望平抑價格（主要是著眼
於他必須付錢購買別人的產品）。身為消費者，他可能主張
或者默許政府實施補貼；身為納稅人，他討厭付錢補貼別
人。每個人都可能認為他能把這些政治力量管理得很好，一
方面因為本身的產品價格上漲而受益（因為他的原物料成本
受到法律的限制而無法上漲），另一方面因為身為消費者而
受益於價格管制。但是絕大多數的人都在自欺欺人 —— 利用
政治力量操縱價格，所失至少和所得一樣多；更因為管制價
格，免不了抑制和干擾到就業與生產，造成的損失一定遠大
於獲得的利益。

第18章

租金管制的後果

　　政府管制房租，是價格管制的一種特殊形式，大部分的結果和一般的物價管制很像，但有些事情需要特別一提。

　　房租管制有時是做為一般物價管制的一部分，但更常另訂特別法加以規範。實施房租管制比較常見的時機，是在戰爭初期。例如部隊駐紮某個小鎮，於是旅館業者提高房價，公寓和獨棟房屋的屋主提高租金。這導致民眾心生不滿。有些城鎮的房舍可能毀於轟炸，而生產裝備武器和其他物資的需求，又使得營建業者缺乏原物料和勞工可用。

　　實施房租管制起初是基於房屋供給缺乏「彈性」的論調，也就是房荒沒辦法立刻紓解，不管允許房租漲得多高都無濟於事。因此有人說，政府如果禁止房租上漲，可以保護承租人不會被予取予求，同時不會對屋主造成實質的傷害，也不會抑制新屋的興建。

　　即使假設房租管制不致實施很長一段時間，這個論調也

有其缺點。它忽視了立即產生的影響。如果房東獲准提高租金，以反映通貨膨脹和真正的供需狀況的話，個別承租人就會去精打細算，租用比較小的空間；極可能讓更多人來一起合租已供不應求的居住空間。相同數量的房屋，現在可以供更多的人居住，直到房荒紓解為止。

管制房租卻鼓勵承租人浪費使用有限的空間，它造成一種差別待遇——對特定城市或地區中已經占用獨棟房屋或公寓的人有利，卻犧牲外地準承租人的利益。如果允許租金上漲到自由市場的水準，則可以讓所有的承租人或準承租人享有同等的機會，出價爭取居住空間。面對通貨膨脹或房屋供不應求的情況，如果不准房東固定租金不變，只准接受出最高價的人承租的話，那麼房租勢在必漲。

實施房租管制的時間持續得愈久，結果愈糟。新的房子不會蓋出來，因為缺乏興建新住宅的誘因。由於建築成本升高（通常是通貨膨脹造成的），舊的房租水準無法讓人賺到利潤。如果政府終於看清實際的情形（往往看得很清楚），並且豁免新屋的房租不受管制，興建新屋固然有了誘因，然而新蓋的房屋數量，還是會少於連老建築也一同免除房租管制時的情況。視舊屋的房租水準被法律凍結以來的貨幣貶值程度而定，新屋的房租可能是同等大小舊屋的十到二十倍不等。（二次世界大戰後的法國，真的發生這種事。）在這種

情況下，老建築中的現有承租人，不管家庭人數增加多少，或者目前的設施多麼惡化，都不會願意搬離原來的窩。

由於舊建築的房租限定在低水準，已經住在裏面的承租人，受到法律保障，不必擔心房租上漲，因此不管家庭人數是否減少，一定存在浪費使用空間的誘因。這對相對少數新建築的新需求，立即構成壓力。和完全自由的市場比起來，這股壓力往往會在初期將新屋的房租推升到較高的水準。

不過，這種情況並無法鼓勵新住宅的建設。舊公寓房屋的建築商或屋主，發現自己的利潤受到限制，甚至可能發生虧損，投資興建新房屋的資金也可能短缺。此外，他們或其他的金主，可能會擔心政府隨時另找藉口，也對新屋實施房租管制。事實上政府經常這麼做。

房屋的狀況也會隨著屋齡而惡化。最重要的是，除非可以把房租適度調高，屋主不會自找麻煩重新整修公寓或做其他方面的改良。事實上，在房租管制和現實嚴重脫節，或者受到高壓抑制時，房東甚至不會去維護出租的獨棟房屋或公寓使其居住條件過得去。他們不只缺乏經濟誘因，甚至可能缺乏資金。房租管制法也造成人與人之間的關係惡化：房東被迫接受最低的報酬率或甚至發生虧損，承租人則對房東遲遲不肯做適度的維修大表不滿。

國會接下來常見的一種做法，是取消「豪華」公寓的房

租管制，但繼續維持中低級公寓的房租管制。這種做法，純粹基於政治壓力，或者出於混淆不清的經濟觀念。他們的理由是：富裕的承租人負擔得起較高的房租，窮人卻負擔不起。

但是這種歧視性的措施，所產生的長期影響是和原意恰好相反的結果。豪華公寓的建築商和屋主得到鼓勵和獎勵；需求較大的低租金房屋的建築商和屋主，卻受到壓抑和懲罰。前者可以視供需狀況，盡可能賺取利潤；後者卻缺乏誘因（甚至缺乏資金）去興建更多的低租金房屋。

結果是相對鼓勵了豪華公寓的維修和改良，以及新的私人建築轉向增加興建豪華公寓。但是人們缺乏誘因去興建新的低所得房屋，或甚至缺乏誘因去適度維修現有的低所得房屋。因此，低所得群體的居住品質每下愈況，而且數量不會增加。隨著人口日益增加，低所得房屋的品質惡化和數量短缺會愈來愈嚴重。到了某一點，許多房東不僅是賺不到任何利潤，更被迫面臨愈來愈高的虧損。甚至於他們發現，即使想擺脫那些房地產也擺脫不了，於是乾脆一走了之，任令那些房地產荒廢，以逃避稅負。當屋主停止供應暖氣和其他的基本服務時，承租人也被迫遷離原來的公寓。愈來愈多社區荒蕪破敗，渺無人煙。近年來在紐約市，經常可見整片地區廢棄的公寓建築林立，窗戶被打破，或者用木板釘死，以免

遭人進一步破壞。縱火案比以前更常發生，嫌犯竟是屋主。

更進一步的影響，是市政收入減少，因為做為稅基的房地產價格持續滑落。於是市政破產，或者無法繼續提供基本的服務。

當結果變得十分清楚而引人注目時，實施房租管制的人當然不會承認他們犯了錯。相反的，他們起而抨擊資本主義體系的不是。他們面紅耳赤地表示，私人企業再度「失靈」；也就是說，「私人企業沒辦法把事情做好」。所以他們信誓旦旦地主張，國家非介入不可，一肩扛起興建低租金房屋的重擔。

參與過二次世界大戰，或者為了平抑通貨膨脹而實施房租管制的國家，十之八九最後都這麼做了。

因此，政府推動規模浩大的建屋計畫——當然是拿納稅人的錢去做這件事。政府收取的房租，根本無法支應建築和營運成本。政府實際採行的辦法，通常是每年給予補貼，例如收取較低的房租，直接補貼承租人，或者補貼國有房屋的建築商或管理人。不管名義上如何安排，這些住宅的承租人都得到其他人的補貼。別人幫他們付了一部分的租金。他們是被挑選出來，接受優惠待遇的一群人。優惠特定一群人的各種政治可能性，實在非常清楚，不需要再強調。在這個過程中，一個壓力團體形成、壯大起來，並且相信它有權接受

納稅人的補貼。自然而然接下來的一步，是邁向全面性的福
利國家制度。

　　實施房租管制，非常諷刺的最後一點，在於它愈是悖離
現實、手段愈嚴苛、不公平程度愈嚴重，支持它繼續施行的
政治論調愈高昂。如果法律限定的房租，平均為自由市場租
金的95%，而且只對房東造成些許的不公，那麼取消房租管
制不會有強烈的政治反對聲浪，因為承租人平均只需要多負
擔約5%的房租。但是如果通貨膨脹嚴重，或者房租管制法
十分嚴苛，和現實大幅脫節，而且法律限定的房租只及自由
市場租金的10%，屋主和房東也受到極不公平的待遇，那麼
取消房租管制、強迫承租人支付高租金的可怕舉動，一定會
引來聲嘶力竭的抗議。他們會說，要承租人一下子大幅增加
房租支出，未免過於殘酷和不合常理。連原來反對實施房租
管制的人，也傾向於承認，取消管制必須是非常慎重、緩步
漸進和漫長的過程。事實上，原本反對管制房租的人，處於
這種狀況，極少懷有政治上的勇氣和經濟上的遠見，連主張
漸漸解除管制也不敢。總而言之，房租管制愈是不切實際、
不公正，在政治上愈難以擺脫。許多國家中，即使其他的價
格管制形式已經取消了好多年，為害不小的房租管制依然照
舊實施。

　　繼續實施房租管制的政治藉口，很難令人苟同。法律有

時會說，在「空屋率」高於某個數字時，可以取消管制。保留房租管制措施的官員，總是得意洋洋地指出，空屋率還沒有達到那個數字。當然還沒有達到。政府把法定租金壓得遠低於市場租金這個事實，在以人為的力量增加租屋需求的同時，卻抑制了供給的增加。因此租金上限低得愈是不合理，獨棟房屋或公寓出租持續「匱乏」的可能性愈高。

不公平對待房東的行為，明目張膽地進行著。再說一遍，他們被迫補貼承租人支付的租金，而且，負擔的成本，往往給自己造成很大的淨虧損。接受補貼的承租人，也許比房東還富有，房東卻被迫負擔他們的一部分市場租金。政治人物目光如豆，忽視了這一點。其他行業的人支持實施或者維持房租管制，因為他們同情承租人。但他們絕對不希望政府要求他們多繳稅，負擔一部分的補貼金額。於是全部的負擔落到一小群人肩上；誰叫他們那麼邪惡，竟然興建或擁有出租房屋？

對他們的侮辱，最強烈的字眼莫過於惡房東（slumlord）一詞。什麼叫惡房東？這種人擁有的房子，並非座落在高級住宅區，房子也不貴。相反的，他的房屋簡陋老舊，位處貧民窟。那種地方，租金十分便宜，房客繳交房租經常拖拖拉拉，愛給不給，房東能不能收到房租，沒人知道。我們很難想像，為什麼（除非天生邪惡）買得起高級出租房屋的人，

會想當「惡房東」。

　　不合理的價格管制施加在立即消費的產品，例如麵包上的時候，麵包店的做法很簡單——不繼續烘焙和出售麵包就行。麵包供不應求的情形馬上顯露無遺，這一來，政治人物不得不提高價格上限，或者取消價格管制。但是房屋經久耐用，可能需要好幾年的時間，承租人才會開始感受到房東不願興建新屋和維修舊屋的苦果。也許需要更長的時間，他們才會了解房荒與屋況惡化，和房租管制有直接的關係。在此同時，只要扣除了稅捐和抵押貸款利息之後房東仍然有淨收入，那麼除了繼續持有和出租房屋給他人，房東似乎別無選擇。政治人物曉得承租人的票數多於房東，所以總是在被迫取消一般性的物價管制之後很久，還繼續管制房租。

　　這就回到了我們的基本課程。管制房租的壓力，來自於只想到某個群體短期利益的那些人。如果我們考慮每個人（包括承租人本身）受到的*長期影響*，我們就會看得很清楚，知道房租管制不只枉費心機，也會因為手段愈嚴苛、實施時間愈長，產生愈大的反效果。

第19章

最低工資法

我們談過政府選定某些商品，以人為的力量提高價格，所造成的一些傷害。透過最低工資法，提高工資的做法，也帶來相同的傷害。這沒有什麼好奇怪的，因為工資畢竟是一種價格。勞工提供服務的價格，竟然取了個和其他的價格完全不同的名稱，實在令人遺憾，因為這妨礙我們保持清醒的頭腦，去思考經濟問題。大部分人因此不曉得同樣的原則適用於兩者。

談到工資，人們的想法總是太過情緒化和政治化，所以大部分的討論都忽略了其理至明的原則。率先駁斥「以人為的力量推升價格，可以帶來繁榮」的說法的人，也會率先指出，最低價格法對它們想要幫助的行業，可能反而造成最大的傷害。可是這些人卻毫不猶疑地贊成實施最低工資法，並且公開指摘反對的人。

事實應該十分清楚：要打擊低工資之惡，最低工資法不

但是效果有限的武器，而且弊多於利的程度，和它的目標成正比。最低工資法的野心愈大，想要涵蓋的勞工數目愈多，企圖提高的工資愈多，其弊多於利的可能性就愈高。

舉例來說，如果通過一條法律規定，每週工作四十小時的工資不得低於106美元，那麼，首先發生的事情之一是，雇主覺得每週工作價值不到106美元的人，絕對不會雇用他們。法律認定雇主用比較低的工資雇請員工屬非法行為，並不能保證勞工一定領得到某一工資水準。這只不過剝奪了他的權利，沒辦法依本身的能力和條件，賺取恰如其份的工資；同時剝奪了整個社群享受他憑一己之力所提供微薄的服務。簡單的說，這不過是用失業取代低工資，造成的傷害四處可見，卻缺乏等量齊觀的補償。

唯一的例外是，有一群勞工所領的工資真的低於市場價值。只有在非常少見和特殊的狀況，或者競爭力量未能自由或適當發揮的地區，才會發生這種事；但是這些特殊的狀況，以成立工會的方式，十之八九一樣能夠有效地矯正，並且更具彈性，造成的潛在傷害也小得多。

可能有人認為，如果法律強制規定某個行業給付更高的工資，那個行業可以藉提高產品價格的方式來因應。這麼一來，支付較高工資的負擔，可以移轉給消費者。但是這種移轉沒辦法輕易進行；以人為的力量調高工資的後果，沒有那

麼容易就逃掉。調高產品價格也許不可行,因為消費者可能改買品質差不多的進口貨,或者用別的東西來替代。或者,消費者繼續購買那個行業的產品,但是價格提高後,他們減少購買的數量。因此,這個行業的某些勞工可能受益於較高的工資,其他的勞工卻可能遭到解雇。另一方面,如果產品價格沒有提高,這個行業的邊際生產者會關門歇業;所以這只不過是以另一種方式造成產量減少、失業繼之而來的後果。

面對這些結果時,有人會答說:「很好啊;如果X行業得靠低得可憐的工資才能存活,那麼最低工資法把這個行業淘汰掉,再好不過了。」把話講得這麼滿,卻忽略了一些現實狀況。首先,它忽視了產品消失,受害的是消費者。第二,它忘了那個行業的從業勞工會因此失業。最後,它忽視縱使X行業的工資很低,卻是該行業勞工的最佳選擇;如果不是這樣的話,那些勞工早就跳槽到別的行業了。因此,如果X行業因為最低工資法而消失,以前受雇於該行業的勞工,會被迫選擇不是那麼吸引他們的其他行業。競相轉業求職之下,連這些退而求其次不得已而選擇的行業,工資也會被壓低。總之,最低工資會使失業升高的結論,怎麼逃都逃不掉。

2

　　此外，為了照顧最低工資法製造的失業勞工，而提出的救助計畫，會引發一個問題值得我們深思。假使每小時最低工資訂為2.65美元，那麼勞工工作一個星期四十小時，工資不得低於106美元。[1] 再假設我們現在一個星期的失業救助金是70美元。這表示，我們寧可一個星期花70美元，養活一個閒人，也不肯讓他做一些有用的工作，一個星期領90美元（舉例來說）的工資。我們剝奪了社會享受他的服務所提供的價值，也剝奪了一個人自力更生（即使工資偏低）、做個對社會有用的人，能夠帶來的獨立和自尊，同時使他的所得低於憑一己之力能夠獲得的水準。

　　只要每週的救助給付金額低於106美元，就會有上面所說的後果。不過，救助給付金額愈高，其他方面的狀況也愈糟。如果我們提供106美元的失業救助，那麼許多人不工作的收入和工作時一樣多。此外，不管失業救助金額多寡，我們都製造了一種狀況：每個人都只為了工資和救助金之間的

---

[1] 如今（1996年）最低工資是每小時4.25美元。一個每週40小時的工作，雇主要支付170美元。

差額在工作。舉例來說，假設每週的救助金是106美元，那麼每小時可領2.75美元工資、或每週工資110美元的勞工，實際上只是為了每週區區4美元的工資在工作。因為什麼事也不做，也可以領到其餘的工資。

　　或許有人認為，提供「工作救助」，而不是「家庭救助」，可以避開這些結果；但這只是改變了結果的特質而已。工作救助的意思是說，我們付給受益人的錢，多於公開市場獎酬他的勞力所支付的水準。因此，他們領取的救助性工資，只有一部分是勞動給付，其餘是掩人耳目的救濟金。

　　我們還必須指出，政府「製造工作」的做法一定缺乏效率，而且效果大有問題。政府總覺得它必須創造一些計畫，雇用技能最差的勞工。它不能教導那些勞工學習木工、石工等技藝，以免和已經擁有那些技能的人相互競爭，並且升高現有工會之間的對立。雖然我不建議這麼做，但是如果政府一開始就擺明了是要補貼「近邊際勞工」（submarginal workers）從事現有工作的工資，那麼造成的各方面傷害也許小些。可是這種做法會替政府自己製造令人頭痛的政治問題。

　　我們不必進一步討論這一點，因為再談下去，會牽扯到不是那麼立即相關的問題。但在我們考慮實施最低工資法，或者提高最低工資時，務必把救助失業勞工的困難和後果放

在心上。*

結束這一章主題的討論之前，也許應該談談主張立法規
範最低工資的另一種論調：一家大公司如果獨占某一行業，
它可以不怕競爭，用低於市場行情的工資雇用員工。這種情
況很不可能發生。這種「獨占」公司成立的時候，必須用高

---

* 1938年，美國所有製造業的平均每小時工資約為63美分，國會訂定
的法定最低工資只有25美分。1945年，工廠的平均工資升為每小時
1.02美元，國會將法定最低工資提高到40美分。1949年，工廠的平
均工資升為每小時1.40美元，國會再把最低工資提高到75美分。
1955年，平均值上升到1.88美元，國會將最低工資提高為1美元。
1961年，工廠平均每小時工資約為2.30美元，最低工資提高到1.15
美元，1963年再提高到1.25美元。接下來，1967年最低工資提高為
1.40美元，1968年為1.60美元，1974年為2.00美元，1975年為2.10
美元，1976年為2.30美元（這一年，全體民間非農業部門工作的平
均工資是4.87美元）。1977年，非農業部門工作的實際平均每小時工
資為5.26美元，最低工資提高到每小時2.65美元，並且明訂接下來
三年，每年都必須提高。因此，隨著市場上的每小時工資節節上
升，擁護最低工資制度的人，認為法定最低工資至少必須跟著提
高。雖然法定最低工資追隨市場工資率的漲勢，人們卻以為是最低
工資法促使市場工資上揚。[2]

2 從Hazlitt的數字之後，最低工資又調高了三次：1981年增為3.35美
元，1990年增為3.80美元，1992年增為4.25美元。每次調高最低工
資，失業率就上升（尤其是未成年勞工的失業率），工作機會就減
少。（資料來源："Should the Federal Minimum Wage Be Increased?"
Richard Vedder and Lowell Gallaway, NCPA Policy Report No. 190,
February 1995.）

工資從其他行業吸引員工。在這之後,理論上它的工資率漲
幅可以不如其他行業,並以「低於標準」的工資招募特殊技
能的人才。但是只有在那個行業(或者公司)日趨衰弱或萎
縮的時候,才可能發生這種事;如果它的業績興旺或者業務
日益擴張,就必須繼續以高工資才能擴增員工人數。

我們從經驗得知,大公司——最常遭人指責獨占的公司
——支付的工資最高,並且提供最吸引人的工作環境。小型
邊際公司可能苦於過度的競爭,只能以最低的工資招募員
工。但是所有的雇主都必須支付夠高的工資,才能留住員
工,或者向外挖角。

3

以上所說種種,並不表示我們找不到提高工資的方法。
本章用意只是要指出,以政府一紙嚴令提高工資這種表面上
看來相當簡單的方法,其實是錯誤和最糟的方式。

走筆至此,也許應該指出:許多改革者和無法苟同他們
所提計畫的人,兩者之間的差異不在前者的慈悲心多了一
點,而是他們的耐性少了一點。問題不在我們是否希望見到
人人都盡可能過好日子。任何有良心的人,都會把這個目標
視為理所當然。真正的問題在於,要達成這個目標,用什麼

方式最適當。回答這個問題時,千萬不要忘了一些最基本的真理。如果我們創造出來的財富沒有那麼多,就沒辦法盡情分配許多財富。長期來說,支付給全體勞工的工資,不可能高於他們的生產價值。

因此,提高工資的最好方法,是提高邊際勞工的生產力。有很多方法可以辦到這件事:增加資本累積(capital accumulation)——也就是說,增用機器,協助勞工;引進新的發明和改良;雇主提高管理效率;勞工更加勤奮和發揮更高的效率;提高教育訓練水準。個別工人生產愈多,全體社群的財富增加愈多。他生產得愈多,所提供的服務對消費者愈有價值,因此也對雇主愈有價值。雇主覺得他愈有價值,愈有可能付給他愈高的工資。實質工資是來自生產,不是來自政府的命令。

因此,政府的政策不應該是對雇主施加更煩苛的規定,而是應該鼓勵他們創造利潤;擴張經營;投資於更新和更好的機器,以提高勞工的生產力——簡單的說,鼓勵資本累積,而不是橫加遏阻——同時提升就業和工資率。

第 20 章

工會真的有辦法提高工資嗎？

　　有人相信，長期而言，工會有辦法大幅提高全體勞動人口的實質工資。這是我們這個時代最大的錯覺之一。會形成這種錯覺的主要原因，是未能認清工資基本上是由勞工生產力決定的。舉個例子，在英國和德國「勞工運動」如火如荼進行的數十年間，美國的工資就遠高於英、德兩國。

　　雖然有壓倒性的證據顯示，勞工生產力才是工資的根本決定因素，這個結論卻常被工會領袖以及自詡為「自由派」的一大票經濟作家所遺忘與嘲笑。但是這個結論所根據的假設，並非雇主清一色慷慨大方，看到勞工生產力高，就給較高的工資。它根據的假設其實是：雇主總是熱切地追求最大利潤。如果有人願意接受的工資，低於在雇主心目中的真正價值，他怎麼可能不好好掌握這個機會？其他的雇主請一名勞工，一個星期可替他賺兩美元，為什麼他要請一名勞工一個星期只替他賺一美元？只要這種狀況存在，雇主們就會競

出高價招募優秀的員工，直到薪資和他們的全部經濟價值相當為止。

這並不是說，工會沒辦法發揮實用或合適的功能。他們可以發揮的核心功能，是改善地區性的工作條件，並且確保所有的會員所提供的勞務，能夠得到真正的市場價值。

不管勞工謀職，還是雇主求才，其過程都無法進行得十分完美。個別勞工或個別雇主，都不可能得到勞動市場充分的資訊。個別勞工可能不知道他對雇主提供的勞務，真正的市場價值是多少。而且他的談判力量可能相對薄弱。然而判斷錯誤，對他造成的損害，遠大於雇主受到的傷害。如果雇主不慎錯過一個好人才，無法借重他的專長以賺取利潤，他只不過損失了雇用那個人可能創造的淨利潤；他終究還可以雇用其他成千上百名員工來為他效力。但是勞工如果相信他很輕易就能謀得待遇更好的另一份工作，而不慎回絕了某個工作機會，這個錯誤可能令他損失慘重。他賭上全部的生計，不僅可能無法立即找到待遇更好的另一份工作，也可能在一段相當長的時間內，連待遇低很多的工作也找不到。時間也許是他最大的致命傷，因為他和家人每天一睜開眼就得吃飯。因此他或許只好接受他相信低於自己「真正價值」的工資，以避免那些風險。但是受雇的勞工結合起來面對雇主，並且針對某類工作，訂定「標準工資」的時候，也許能

夠拉平雙方的談判力量，同時消除誤判的風險。

　　不過，經驗證明，工會很容易超越它們適合發揮的功能，尤其是在一面倒、單方面強制雇主的勞動法令協助下，做出一些不負責任的行為，擁抱短視的、反社會的政策。比方說，當他們想要將會員的工資訂得高於他們真正的市場價值時就是這樣。這種做法一定會造成失業。事實上，唯有出於某種形式的脅迫和強制，才有辦法這麼做。

　　其中一種方法，是以既有的專長或技能以外的因素，限制工會會員的資格。這種限制可以有多種形式：對新進勞工收取很高的入會費；隨意訂定會員資格；以公開或隱而不宣的方式，歧視不同宗教、種族或性別的人；限制會員人數；不但排拒（必要時訴諸武力）非工會勞工生產的產品，甚至排拒外地州、市聯盟工會生產的產品。

　　為使特定工會支領的工資高於會員勞務的真正市場價值，而採取脅迫和暴力行為的最明顯例子，莫過於罷工。工會可能發動和平的罷工。只要其過程平和，便是勞工的合法武器，只是應該在迫不得已時才偶一為之。工會制止勞工上班，有可能迫使給付過低工資的頑固雇主屈服。雇主可能會發現，不太可能再找到同樣優秀的勞工，而且他們願意接受如今被原有勞工拒絕的工資，而能取而代之。但是當勞工為達成他們的要求，必須訴諸脅迫或暴力的手段（大規模部署

罷工糾察員，阻止在職員工繼續上班工作，或者阻止雇主雇用永久性的新進勞工，取代他們的位置）時，他們的主張難免令人質疑，因為罷工糾察員的目標不是針對雇主，而是針對其他的勞工。其他這些勞工願意做舊員工空出來的工作，而且也接受舊員工如今拒絕的工資。這個事實證明，攤開在新進勞工眼前的其他選擇，還不如在職員工拒絕的工作機會那麼好。因此，如果在職員工運用暴力，成功地阻止新進員工接替他們的位置，便是阻礙了新進員工選擇他們認為最好的工作機會，強迫他們另外去找比較差的工作。就這樣，罷工者常常堅持享有特權，而且運用暴力來維持特權地位，對抗其他的勞工。

如果前面的分析正確的話，那麼，不分青紅皂白地憎恨「罷工破壞者」，怎麼說都站不住腳。如果罷工破壞者只是一群專業打手，本身也威脅要使用暴力，或者根本無法勝任工作，或者雇主暫時給他們較高的待遇，目的只是為了製造照常營運的假象，直到舊員工心生恐懼，同意接受舊工資率重返工作崗位為止，那麼他們憎恨「罷工破壞者」有其道理。但如果「罷工破壞者」只是普通的男女勞工，目的不過是謀得一份永久的工作，而且願意接受舊工資率，那麼他們只是為了讓罷工工人享有比較好的待遇，而被推向比較差的工作的一群人。而且，只有隨時威脅使用暴力，在職員工才有可

能繼續維持這種優越地位。

2

「情緒經濟學」（emotional economics）孕育出來的理論，經不起冷靜的檢驗。其中一種理論說，勞工普遍「待遇偏低」。這就好比是說，在自由市場中，價格普遍長期偏低。另一個奇怪而一再重彈的論調說，一國勞工的利益彼此間完全相同，以某種方式調高某個工會的工資，對其他所有的工人也有幫助。這種說法根本不正確，真實的狀況是；如果某個工會以要脅的手段，為會員爭取到工資大幅調高，並且超越會員所提供勞務的真正市場價值，那麼這不只傷害到社群的其他成員，也傷害到其他所有的勞工。

為了更清楚地了解這種事情如何發生，我們假想有個社群，其中的各項資料計算起來極為簡單。假設有個社群，只有六群勞工，它們的總工資和產品的市場價值，一開始是一樣的。

假設這六群勞工是(1)農場工人、(2)零售商店店員、(3)成衣業勞工、(4)煤礦礦工、(5)建築工人、(6)鐵路員工。如果不用要脅的手段，他們的工資率不見得相等；但是不管工資率是多少，我們給每一群勞工一個原始的指數，以100為

基礎。再假設每一群勞工都組織了全國性的工會，能夠依據本身的經濟生產力、政治力量和策略性地位的強弱，提出調升工資的要求。假設最後的結果是，農場工人的工資根本無法提高，零售商店店員調高工資10%，成衣業勞工20%，煤礦礦工30%，建築工人40%，鐵路勞工50%。

根據上面所作的各種假設，這表示工資平均上升了25%。接下來，同樣基於計算簡便起見，假設每一群勞工所生產的產品價格，漲幅和各群體的工資調升幅度相同。（基於好幾個理由，包括勞工成本並不代表全部的成本這個事實，價格漲幅不會像我們說的這樣——短期內更不可能如此。不過我們所舉的數字，還是可以用來說明基本的原則。）

這麼一來，生活費用平均上漲25%。農場工人的貨幣工資即使沒有下降，能夠買到的東西卻遠不如從前。零售商店店員的貨幣工資調升10%，處境也比以前為差。連成衣業勞工的貨幣工資上升20%，和以前比起來同樣有所不足。煤礦礦工的貨幣工資雖然上漲30%，購買力卻只有微幅上揚。建築和鐵路工人當然有所改善，只是實際的改善程度遠比表面上看到的數字為小。

但是這種計算也是基於一個假設：強迫工資調漲，不會造成失業。只有在工資上升的同時，貨幣供給和銀行信用也

等量增加，這種假設才有可能成立；而縱使如此，工資率已
遭到扭曲，不可能不造成局部性的失業，尤其是在工資上漲
最多的行業。如果通貨膨脹沒有相應發生，強迫性的工資上
漲會造成普遍性的失業。

　　工資上漲最多的工會，失業率不見得最高，因為失業會
視不同類別勞工的相對需求彈性，以及多種勞工需求的「連
動」特質而移轉與分布。可是當所有這些因素都加以考慮之
後，連工資上漲最多的群體，失業勞工和受雇勞工平均起來
處境也比以前為糟。福祉（welfare）方面的損失，當然遠高
於算術計算出來的損失，因為失業者承受的心理損失，遠高
於購買力略微增加者獲得的心理利益。

　　提供失業救助也沒辦法矯正這種狀況。首先，救助金主
要是直接或間接來自受雇者的工資。他們的工資因此減低。
此外，我們談過，「適當」的救助給付會製造失業，方式有
幾種。過去，力量強大的工會將扶助失業會員視為己任的時
候，總是三思而後行，不太敢要求可能造成大量失業的高工
資。但是如果強迫一般納稅人負擔工資率過高造成的失業救
助支出的話，工會提出的工資要求，就不會知所節制。此
外，我們說過，「適當」的救助會使一些人根本不想工作，
另外一些人則覺得那麼賣力工作，實際的收入並不是領得的
全部工資，而只是工資和救助金兩者的差額。大量勞工失業

後，產品的產量勢必下降，國家變得比以前更窮，每個人能
用的東西都變少了。

　　力主以組織工會來幫助勞工的人，有時會用另一個答案
來回答我剛剛的問題。他們承認，今天力量強大的工會，會
員的確會欺壓沒有參加工會的勞工，但是補救之道很簡單：
人人都參加工會。可惜這種補救之道並沒有那麼簡單。首
先，儘管法律和政治上大力鼓勵（或許更可稱之為帶有幾分
強制色彩）勞工依據華格納—塔夫特—哈特利法（Wagner-
Taft-Hartley Act）和其他的法律，去組織工會，但美國的受
雇勞工卻只有約四分之一參加工會。[1] 這絕非沒有原因。有
利於組織工會的條件，比一般人所認為的要特殊得多。但即
使能夠達到人人參加工會的理想，各工會的力量也不可能比
今天更為均等。有些勞工群體的策略性地位遠優於其他群
體，原因可能是會員人數比較多、生產的產品更為不可或
缺、其他行業比較依賴他們這一行業、他們比較有能力採取
要脅的手段。但假使不是這個樣子呢？且不管是否自相矛
盾，假設所有的勞工都能夠透過要脅的手段，把工資提高相
同的百分比。這一來，情形會是如何？長期來說，沒人會過

---

[1]　目前參加工會的勞工比率為15.5%。（資料來源：*Investor's Business
　　Daily*, November 14, 1995.）

得比工資不調高時要好。

3

這將我們帶到問題的核心。通常人們認為，調高工資會損及雇主的利潤。短期內，或者特殊的狀況下，當然有可能發生這種事。如果某家公司的工資被迫調高，但因為同業競爭激烈，產品沒辦法漲價，那麼工資調漲的部分，只好靠盈餘來支應。要是整個行業的工資同步上揚，這種事情比較不可能發生。如果那個行業不必面對外國貨的競爭，也許可以提高價格，把工資的漲幅轉嫁給消費者負擔。不過，消費者大多是勞工，必須付更多的錢購買產品，所以實質工資勢必下跌。由於價格上漲了，那個行業的產品銷售量可能下滑，所以整個行業的獲利減少；但是從業員工人數和總薪資有可能等量降低。

我們當然可以想像一種狀況：整個行業的獲利滑落，但是雇用人數沒有等量減少——換句話說，工資率上漲之後，總薪資隨之增加，所有的成本以那個行業的獲利支應，不過沒有任何公司關門歇業。這種結果發生的可能性相當低，但是可以想像或許會有這種事。

以鐵路業為例來說，它沒辦法每逢工資調升，就以提高

票價的形式轉嫁給乘客負擔,因為政府的法令規定不允許這麼做。

工會至少有可能在短期內,從雇主和投資人那裏獲得工資調漲的利益。投資人本來擁有高流動性的資金,但是已經投資到鐵路業(舉例來說)。他們的資金已經轉成鐵道和地基、貨車廂和火車頭。他們的資金本來可以化為千百種形式,現在卻被套牢(可以這麼說)在一種特定的形式裏。鐵路工會可以逼迫投資人接受已經投資下去的資金獲得較低的報酬率。即使投資報酬率只剩0.1%,只要進帳高於營運費用,投資人繼續讓鐵路公司運轉還是划得來。

但是這麼一來,不可避免地會發生一件事。如果他們投資鐵路公司的錢,現在創造的收益低於其他行業的投資報酬,那麼投資人不會再多拿一毛錢出來投入鐵路公司。他們可能先汰換已經耗損的一些東西,以保護僅餘投資的一點小小的收益;但是長期而言,他們不會費心去汰換老舊或損壞的設施。要是國內的投資報酬低於海外,他們會到海外去投資。如果任何地方都找不到夠高的報酬,以補償他們承受的風險,他們會乾脆停止投資。

因此,勞工剝削資本頂多只能逞一時之快。整件事很快就會落幕,只是不是像我們假設性的說明那樣結束,而是完全淘汰邊際公司;失業升高;迫使工資和利潤重新調整,直

到正常（或者異常）獲利的前景重現，使得就業和生產恢復過來。但是在這段期間，由於勞工剝削資本，失業增加和生產減少會使每個人都變窮。即使一段時間內，勞動所得占國民所得的相對比率提高了，國民所得的絕對值還是會下滑；因此這段相當短的期間內，勞工相對獲益，只能說是得不償失的勝利，因為勞工的總實質購買力也可能下降。

4

所以我們得出最後的結論：雖然工會可能在一段時間內為會員爭取到工資調漲（雇主為此付出一部分代價，非工會勞工則犧牲更多），卻無法為全體勞工長期提高實質工資。

有人相信工會能夠辦到這件事，那是基於一連串的錯覺。其中之一是「發生於其後者必然是其結果」（post hoc ergo propter hoc）的謬論，* 認為過去半個世紀以來，工資大幅升高，應該歸功於工會，因為這段期間內，工會不斷成長壯大。其實主要的原因是資本投資成長和科技進步。但是造

---

* 譯註：指某事發生在前，所以是因，另一件事發生在後，所以是果，而不管兩者是否真的有關係。例如，某人去了中國之後生病，所以中國有些東西害他生病。

成錯覺的最大錯誤，是只考慮工會要求提高工資之後，仍有工作可做的特定勞工短期內受到的影響，卻沒有去追蹤工資上漲對所有勞工（包括迫使工資調漲的勞工）的就業、生產和生活費用造成什麼樣的影響。

我們或許可以從這個結論再進一步，質疑工會是不是長期來說阻礙了全體勞工的實質工資上升到本來應有的水準。如果它們造成的淨影響是降低勞工的生產力，那麼肯定是抑制工資上升或減低工資的一股力量；我們可以問：是否確有其事？

談到生產力，工會的政策的確有可取之處。在某些行業，工會堅持訂定標準，以提升技能和專長水準。工會的早期歷史中，在保護會員的健康方面，也著力甚多。勞工供給充裕的行業，由於替換員工容易，個別雇主經常為了短期的利益，要求員工趕工出貨和長時間工作，而不管他們的健康會不會受到不良影響。有些時候，雇主一時疏忽或眼光短淺，反而可能因員工操勞過度，而損及本身的利潤。所有這些情況，由於工會要求訂定合適的標準，經常能夠改善會員的健康和更廣泛的福祉，同時提高了他們的實質工資。

但是近年來，由於工會的勢力日漸成長，以及民眾的同情用錯地方，容忍或支持一些反社會的做法，導致工會逾越分寸，行為超出合適的目標。每週的工作時數從七十小時縮

減為六十小時，不只對勞工的健康和福祉有益，長期而言也對生產有幫助。每週的工作時數從六十小時減為四十八小時，對勞工的健康和休閒生活有幫助。每週的工作時數從四十八小時減為四十四小時，對勞工的休閒生活有幫助，卻不見得對生產和所得有幫助。每週的工作時數減為四十小時，對勞工的健康和休閒生活，價值下降許多，產出和所得的減少卻更為明顯。但是工會得寸進尺，更進一步討論每週工作三十五小時和三十小時的可能性，甚至已經開始實施這種做法，並且全盤否定這會減低產出或所得的反對意見。

妨礙生產力成長的工會政策，不只是縮減每週的工作時數而已。其實，這是工會所造成傷害最小的一個政策，因為因此而產生的利益至少相當明顯。但是，許多工會堅持實施僵化的分工制度，導致生產成本上升，並且造成代價高昂且荒謬的「地盤」之爭。它們反對根據產量的多寡或效率的高低給付工資，堅持不管生產力是高或低，所有的會員每小時的工資率相同。它們堅持論年資升遷，不看個別員工的功勞。它們刻意怠工，以對抗「超時趕工」。對於產量多於其他同事的員工，它們公開指責，堅持雇主應該解雇他們，有時甚至痛加毆打。它們反對引進機器或者改善機器。它們堅持，如有任何會員因為安裝效率更高或更省力的機器而遭遣散，他們必須無限期支領「保障所得」。它們堅持依照「製

造工作」的規則行事，要求用更多的人或更多的時間去做某件事。他們甚至堅持雇用根本不需要的員工，否則就要對雇主不利。

採行這些政策時，大多是基於一個假設：這個世界上，能做的工作就是那麼多。這就好比有個數量十分明確的「工作基金」，必須盡可能分散給許多人和分散到很長的時間內去做，以免太快就把它做完。這個假設大錯特錯。我們的世界能做的工作，數量其實沒有極限。工作會創造出工作。某甲所做的事情，會建構出對某乙所做的事情的需求。

但由於這個錯誤的假設存在，也因為工會的政策是根據這個假設，它們造成的淨影響，是導致生產力下降到低於本來應有的水準。因此，它們對所有勞工群體造成的長期淨影響，是促使實質工資低於本來會上升到的水準。再說一次，上個世紀實質工資急劇上揚的真正原因，是資本累積和科技進步日新月異所致。

但是這個過程不會自動進行。在壞的工會政策和壞的政府政策交相影響下，過去十年這個過程已經停滯不前。光看帳面上的民間非農業勞工每週的平均毛所得數字，的確從1968年的107.73美元，上漲到1977年8月的189.36美元。但是把勞工統計局的通貨膨脹因素算進去，考慮消費者物價的漲幅，將勞工的所得以1967年的幣值換算，那麼每週的實質

所得實際上從1968年的103.39美元，減為1977年8月的
103.36美元。[2]

　　實質工資漲勢停頓，不是工會本身的特質造成的，而是
短視的工會政策和政府政策造成的。現在改變這兩者還來得
及。

---

[2] 根據1996年1月4日《投資人商務日報》報導，過去四十年，薪酬占
　　國民產出的比率一直相當穩定，維持在60%左右。經濟學家甘尼
　　斯・佛泰克（Kenneth P. Voytek）指出，從1959年到1972年，非農
　　業部門每小時的薪酬每年增加2.4%。1973年到1994年，薪酬年成
　　長率降為0.8%。這是因為1959年到1972年，生產力成長率平均為
　　2.4%，而1973年到1994年只有1%。整體而言，1959年以來，薪酬
　　占國民所得的比率增加約4%，而工會會員數卻急速滑落。薪酬調漲
　　的部分通常屬非工資薪酬，例如醫療保健和工作訓練。（資料來
　　源：*Investor's Business Daily*, January 8, 1996.）

第21章

「有足夠的錢買回產品」

　　業餘的經濟學作家總是呼籲訂定「公平」的價格和「公平」的工資。這些含糊籠統的經濟公平概念，是從中世紀遺留下來的。古典經濟學家提出不同的概念──**功能性價格**（functional prices）和**功能性工資**（functional wages）。功能性價格能夠鼓勵最大的生產數量和最大的銷售數量。功能性工資則通常能夠帶來最高的就業數量和最高的實質總薪資。

　　功能性工資的概念，被馬克思主義者和他們的那些盲目的信徒（也就是購買力學派）加以扭曲，並且照單全收。這兩群人在天真無知的人們心裏留下一個問號：目前的工資是否「公平」？他們堅稱，真正的問題在於它們是否可行（work）。他們告訴我們，唯一可行的工資，也就是唯一能夠防止經濟立即崩潰的工資，能讓勞工「買回他們所生產的產品」。馬克思主義者和購買力學派將以往的每一次經濟蕭條，歸咎於之前沒有給付這種工資。而且，不管什麼時候講

這種話，他們都十分肯定工資還沒有高到能買回產品的地步。

這套信條交到工會領袖手裏，效果特別好。他們對本身的能力感到絕望，曉得自己沒辦法激發民眾的利他心理，也沒辦法說服雇主（依定義，他們是邪惡的一群人）「公平」對待勞工，因此發展出一套說詞，刻意迎合民眾的自利動機，並讓他們感到驚恐，進而迫使雇主同意工會的要求。

但是，我們怎麼知道勞工什麼時候真的「有足夠的錢買回產品」？或者，有超過「足夠」的錢？我們如何決定到底多少才合適？倡導那些信條的人，似乎沒有努力回答這些問題，我們只好試著自己找答案。

這套理論的一些支持者，言下之意似乎是說，每個行業的勞工領取的工資，都應該足夠買回他們所生產的特定產品。但他們的意思一定不是說，生產廉價洋裝的勞工，工資應該夠他們買回廉價的洋裝，而生產貂皮大衣的勞工，工資應該夠他們買回貂皮大衣；或者，福特（Ford）工廠的勞工，工資應該足夠購買福特汽車，凱迪拉克（Cadillac）工廠的勞工，工資應該足夠購買凱迪拉克轎車。

不過，回顧1940年代汽車工會的情形，可以給我們很深的啟示。當時汽車工會大部分會員的所得已經躋身全國最高的三分之一，而且根據政府的數字，他們每週的工資已經比

工廠平均工資高20%、是零售業平均工資的兩倍左右。他們卻要求提高工資30%。工會發言人表示，這麼一來，才能「提振我們正在迅速萎縮的購買自家產品的能力」。

那麼，一般工廠工人和一般零售業勞工怎麼辦？如果在這種情況之下，汽車業工人需要調高工資30%，才能避免經濟崩潰，其他行業的勞工僅僅調高30%，夠嗎？或者，他們需要調高55%到160%，平均每人的購買力才能向汽車業工人看齊？以前和現在一樣，不同行業的平均工資水準差距很大。1976年，零售業勞工的平均每週所得只有113.96美元，所有製造業勞工的平均所得為207.60美元，契約建築業為284.93美元。

（如果個別工會內部的工資談判史可以做為借鑑的話，那麼我們敢說，要是其他行業的工會要求大幅調高工資，汽車工人肯定會堅持維持目前的工資差距。談到經濟公平，工會會員和我們其他這些人一樣〔少數難得一見的慈善家和聖人例外〕，看到經濟狀況比我們好的人，總是渴望擁有和他們一樣多的東西，對於經濟狀況比我們差的人，卻不急著把我們已有的東西給他們。但是我們現在想探討的，是特定經濟理論是否合乎邏輯和合理，不是人性上令人洩氣的這種劣根性。）

2

　　認為勞工領得的工資應該足夠買回產品，只是一般「購買力」論調的一種特殊形式。勞工的工資就是勞工的購買力，這種說法倒是沒錯。但是每個人的所得——雜貨商的、房東的、雇主的所得——是他用於購買別人所售產品的購買力，這種說法也沒錯。而人必須找到買主的一樣最重要的東西，就是他們的勞力服務。

　　上面所說的，也可以反過來說。在交易經濟（exchange economy）中，每個人的貨幣所得是其他某個人的成本。每小時的工資每次上漲，除非或直到能從每小時生產力的等量成長得到補償，否則生產成本會上升。如果政府管制價格，不准價格上漲，那麼生產成本上升，會減低邊際生產者的利潤，迫使他們關門歇業，而這表示生產會萎縮，失業會增加。即使價格可以調漲，產品漲價會使買方卻步，市場因而萎縮，也會導致失業升高。如果每小時工資全面調升30%，使得物價上漲30%，那麼勞工能買的產品，數量不會多於從前；整個過程會像旋轉木馬那樣，從頭再來一次。

　　沒錯，許多人會有不同的意見，質疑工資上漲30%會使物價出現那麼高的漲幅。是的，只有在很長的時間之後，以

及貨幣和信用政策允許這種事，才會有那樣的結果。如果貨幣和信用缺乏彈性，也就是工資被迫上漲的同時，它們並沒有增加（而且如果我們假設，從目前的勞工生產力來看，工資上漲得毫無道理的話），那麼推升工資率的主要影響，將是推高失業率。

在這種情況下，不管是從金額來看，還是從實質購買力來看，總薪資都可能低於從前。就業人口下降（工會的政策造成的，不是科技進步的過渡結果），必然表示生產出來供每個人使用的產品數量減少。而且，產量絕對值減少之後，縱使勞工在僅餘的產量中相對占比升高，也不可能獲得補償。美國的保羅·道格拉斯（Paul H. Douglas）分析大量的統計數字，英國的皮古（A. C. Pigou）幾乎純靠演繹法，殊途同歸，得到相近的結論——勞工的需求彈性介於3和4之間。用不是那麼技術性的語彙來說，這表示「實質工資率下降1%，對勞工的總體需求可能擴張3%以上」。*或者，用另一種方式來說，「如果工資被推升到高於邊際生產力那一點，就業人口的減幅通常是每小時工資率增幅的三到四倍」。**因此勞工的總所得將會降低。

---

* 資料來源：A. C. Pigou, *The Theory of Unemployment* (1933), p. 96。
** 資料來源：Paul H. Douglas, *The Theory of Wages* (1934), p. 501。

即使這些數字只代表過去某段期間勞工的需求彈性，不見得能夠管窺未來，但還是值得我們深思。

3

但是現在假設工資率的上漲，伴隨著（或帶來）貨幣和信用夠大的漲幅，那麼工資率上漲不致造成嚴重的失業。如果我們假設原先工資和價格的關係，本身是種「正常」的長期關係，那麼把工資率推升30%，最後很有可能導致價格出現大致相同的漲幅。

有人認為，價格的漲幅會遠低於那個數字。這種看法是從兩個大謬論而來。第一是只看特定一家公司或某個行業的直接人工成本，並且以為這就代表所有的人工成本。這犯了一個粗淺的錯誤，把「部分」當成「全部」。每個「行業」都只是「水平」生產過程的一部分，也只是「垂直」生產過程的一部分。因此，汽車工廠生產汽車的直接人工成本，可能不到總成本的三分之一；有人可能一時不察，根據這個數字下結論說，工資增加30%，汽車價格只會上漲10%或更少。但是他們忽略了原物料和外購零組件、運費、新工廠或新工具機、經銷商加成等方面的間接工資成本。

政府的估計數字顯示，從1929年到1943年（含）的十

五年內，美國的薪資平均占國民所得的69%。 1956年到
1960年的五年期間，它們也平均占國民所得的69%！1972
年到1976年的五年內，薪資平均占國民所得的66%，再加上
一些額外的給付，員工的總薪酬平均占國民所得的76%。[1]
這些薪資當然必須從國民生產（national product）去支付。
雖然這些數字難免需要增增減減，才能合理地估計「勞工」
的所得，我們還是可以據此假設：人工成本至少是總生產成
本的三分之二左右，甚至超過四分之三（取決於我們對勞工
的定義為何）。取這兩個估計值中較低的，並且假設獲利率
不變，那麼工資成本全面升高30%，價格顯然會上漲20%左
右。

　　但是這種變化，會使得投資人、經營者和自力營生者所
得的獲利，購買力只及以前的84%（舉例來說）。這件事的
長期影響，是導致投資和新創企業比原本會有的水準來得
少，而且將勞工從自力營生的較低層次，移轉到受雇者的較
高層次，直到大致恢復以前的關係為止。但這只不過是用另
一種方式說明，在我們假設的狀況下，工資上升30%，最後
也會使價格上漲30%。

　　這不見得表示受雇者就不會有相對利得。在過渡期間，

---

[1] 比較新的薪資占國民所得比率數字，請參考第20章最後一條註腳。

他們會有相對利得，其他人則會承受相對損失。但是這種相對利得不可能化為絕對利得。我們這裏所說的，成本相對於價格的關係發生變化後，很難不造成失業，以及生產出現失衡、受到干擾或者減少。因此，雖然勞工可能在調整到新均衡狀態的過渡期間，從比較小的餅拿走比較大的一塊，但是和以前從比較大的餅拿走較小的一塊相比，現在的一塊是不是比以前那一塊大，這點令人懷疑。

4

於是這把我們帶到經濟均衡（equilibrium）的一般意義和影響的問題上。均衡工資和價格是指供給和需求相等時的工資和價格。如果透過政府或民間的強制力量，試圖將價格提升到高於它們的均衡水準，那麼需求會降低，因此生產也降低。如果試圖將價格壓到低於它們的均衡水準，利潤隨之下降或完全消失，則供給會滑落或者生產減少。所以說，迫使價格高於或低於均衡水準（自由市場總是傾向於將它們帶到這些水準）的任何企圖，會使就業和生產量縮減到低於本來會有的水準。

再回頭來談勞工必須「有足夠的錢買回產品」這個教條。國民生產既不是只由製造業勞工創造，也不是只由他們

購買，這件事應該不說也很清楚。每個人——白領勞工、專
業人士、農民、大雇主和小雇主、投資人、雜貨商、肉販、
小藥房老闆、加油站——都會買產品。簡單的說，凡是對產
品的生產有貢獻的每一個人都會買。

　　至於決定產品分配的價格、工資和利潤，最好的價格不
是最高的價格，而是能夠鼓勵生產數量最大和銷售數量最大
的價格。勞工最好的工資率不是最高的工資率，而是允許充
分生產、充分就業和最大持久總薪資的工資率。同時從業界
和勞工的觀點來看，最好的利潤，不是最低的利潤，而是能
夠鼓勵大部分人成為雇主，或比以前提供更多就業機會的利
潤。

　　如果經濟運轉的目的，只是為了單一群體或某類人士的
利益，最後一定會傷害或摧毀所有的群體，包括我們想要照
顧其利益的那一群人。經濟必須為每一個人而運轉。

第22章

利潤的功能

今天，許多人一聽到利潤兩個字就無名火高三千丈。這正好暴露他們對利潤在經濟中扮演十分重要的功能所知有限。為了增進這方面的認識，我們有必要溫習第十五章提到的價格體系的一些背景資料，但是我們會從不同的角度來探討這個主題。

利潤在我們的整個經濟中，所占份量其實不大。來看一些數字就知道了。從1929年到1943年的十五年內，已登記企業的純益占總國民所得的比率，平均低於5%。1956年到1960年的五年內，公司的稅後盈餘占國民所得的比率平均低於6%。1971年到1975年的五年內，公司的稅後盈餘占國民所得的比率平均也低於6%（事實上，由於通貨膨脹因素的會計調整不夠充分，這些數字可能高估）。[1] 然而利潤卻是招

---

[1] 經濟學家甘尼斯·佛泰克（Kenneth P. Voytek）指出，1960和1970

來最強烈敵意的一種所得。我們用奸商（profiteer）一詞，
把所謂賺取過高利潤的人污名化，但是找不到「奸工」
（wageer）或「奸損」（losseer）等名詞。不過，理髮店老闆
的平均利潤，可能不只遠低於電影明星的拍戲片酬或者鋼鐵
公司的受雇執行長，甚至也低於技術性勞工的平均工資。

　　人們對事實產生的各種誤解，令這個主題更加曖昧不
明。世界上最大的工業公司通用汽車（General Motors），總
盈餘只能算是普通，並沒有高得嚇人。曉得企業倒閉率的人
不多。他們不知道（引用臨時全國經濟委員會〔TNEC〕的
研究報告），「如果過去五十年的企業經營經驗可以做為借
鏡，那麼今天開店經營的雜貨店，每十家平均會有七家左右
活到第二年；可能只有四家可望慶祝四歲生日」。他們不知
道，從1930年到1938年，每一年的所得統計數字中，發生
虧損的公司數目，超過獲有盈餘的公司數目。

　　那麼，平均利潤到底是多少？

　　這個問題，大致上可由本章一開始引用的那類數字（公
司的盈餘平均只占國民所得的6%以下），或者所有製造業公

年代，公司的稅前盈餘平均為10~12%。1980年代降為低於8%，
1990年代再升為9%左右。（資料來源：*Investor's Business Daily*,
January 8, 1996.）

司每一美元的營業額,平均稅後盈餘不到5美分等數字來回答(舉例來說,1971年到1975年的五年內,這個數字只有4.6美分)。[2] 這些官方數字雖然遠低於一般人對利潤大小的看法,卻只適用於利用傳統會計方法計算的公司業績。我們並沒有一種可靠的估計值,考慮所有種類的活動、已登記和未登記的所有企業,以及數量夠多的好年頭和壞年頭。但是一些知名經濟學家相信,長期而言,考慮所有的虧損、已投資資本的最低「無風險」利息,以及經營自家企業的人所提供勞務之設算「合理」的工資價值,那麼可能不但沒有淨利潤,甚至會有淨虧損。這倒不是因為創業家(自行經營企業的人)樂善好施,而是因為他們的樂觀和自信,經常引導他們經營一些不會成功或無法成功的事業。[*]

不管在什麼情況下,任何人投資資金時,不只必須承受賺不到任何報酬的風險,還得面對蝕掉全部老本的可能性。過去,特殊公司或行業的高利潤,會吸引創業家冒很大的風險去經營事業。但如果利潤最高只能有10%之類的數字,而損失全部資本的風險依舊存在,那麼利潤誘因會受到什麼樣

---

[2] 比較新的公司盈餘數字,請參考前一條註腳。

[*] 參照:Frank H. Knight, *Risk, Uncertainty and Profit* (1921)。但是在有淨資本累積的任何期間,以往的投資也必須假定獲有淨利才行。

的影響？就業和生產又會受到什麼樣的影響？二次世界大戰時期實施的超額利潤稅（excess-profits tax）已經告訴我們，即使為期短暫，這種限制也會傷害到效率。

但是今天幾乎每個國家的政府採行的政策，都傾向於假定生產會自動進行，不管做出會抑制它的什麼事情。目前全球的生產承受的最大風險之一，仍然來自政府的價格管制政策。這些政策不但消除了生產誘因，導致一種商品接著另一種商品相繼停產，也造成長期的影響，阻礙了企業依消費者實際的需求取得生產上的平衡。經濟自由運轉時，消費者的需求會使得若干領域的生產出現政府官員所說的「超額」、「不合理」，或甚至「令人痛恨」的利潤。但是那個事實不只導致生產那種產品的每一家公司把生產擴大到極限，並將獲利再投資下去，購買更多的機器和雇用更多的員工，也會從其他地方吸引到新的投資人和生產者，直到那種產品的生產可以滿足需求，利潤再次下跌到（或者低於）一般的平均水準為止。

在工資、成本、價格由競爭力量決定的經濟中，獲利的前景決定了生產什麼、生產多少——以及什麼產品根本不去生產。如果生產某種產品無利可圖，卻有勞工和資本投入生產那種產品，那就走錯了方向——必須用於生產該種產品的各種資源，其價值竟高於產品本身的價值。

　　簡單的說，利潤的功能之一，是引導生產要素的流向，依照需求，分配給成千上萬種不同商品的相對產出。政府官僚不管才華多麼洋溢，都沒辦法以專橫武斷的方式解決這個問題。自由價格和自由利潤會使生產最大化，而且比其他任何體系更快紓解供不應求的現象。任意管制價格和任意管制利潤，只會拉長供不應求的期間，並使生產和就業下降。

　　最後，利潤的功能是持續不斷對每一家競爭中的企業主施加壓力，要他們進一步改善經濟效益和效率，不管目前的經濟效益和效率處於什麼水準。景氣好的時候，這麼做可以提高利潤，景氣普通的時候，這麼做能夠領先競爭對手，景氣差的時候，這麼做也許才能生存。利潤不僅有可能降為零，也可能很快轉為虧損；一個人面臨危急存亡之秋，花費的心力會多於僅僅只是為了錦上添花。

　　和一般人的想法不同，利潤的創造不是靠提高價格，而是靠引進經濟效益和效率，降低生產成本。某一行業的每一家公司都賺錢，這種情形非常少見（而且除非有一家獨占公司，否則長期內不會發生這種事）。所有的公司對相同的商品或服務所收取的價格必定相同；想要收取較高價格的公司，將無人問津。因此，生產成本最低的公司，獲利最高。在這些公司擴張的同時，效率較差、成本較高的公司，利潤將會減少。消費者和民眾因此受益。

　　簡單的說，利潤來自成本和價格之間的關係，它不只告訴我們哪些產品生產起來最經濟，也告訴我們生產它們的最經濟方式是什麼。社會主義體系和資本主義體系一樣，都必須回答這些問題；任何想像得到的經濟體系，都必須回答這些問題。對於我們生產出來的絕大多數商品和服務來說，自由競爭企業的損益所給的答案，遠優於其他任何方法能給的答案。

　　我把重點放在人們傾向於降低生產成本，是因為這似乎是利潤（或虧損）最不被人了解的一種功能。生產出比別人更好的捕鼠器，以及生產效率更高的人，當然會有比較高的利潤。利潤能夠獎勵和刺激優越的品質與創新，這個功能則已為人熟知。

第23章

通貨膨脹的奇蹟

我發現，有必要不時警告讀者：「假使沒有通貨膨脹的話」，特定的政策必然帶來特定的結果。我在談公共建設和信用的章節中曾經提到，通貨膨脹所會引發的複雜狀況將挪到後面再討論。但是貨幣和貨幣政策在每一種經濟過程中，是那麼密不可分，有時更是難以切割，因此即使為了解說方便起見，還是很難做這種切割。而且，在探討政府或工會的各種工資政策對就業、利潤和生產的影響時，不同的貨幣政策產生的若干影響必須立即加以考慮才行。

在我們討論特定情況下通貨膨脹的影響時，應該先探討它的一般性影響。而在這之前，似乎又應該先問：為什麼不斷有人求助於通貨膨脹、為什麼自古以來它普受人們歡迎、為什麼它那蠱惑人心的論調，吸引一國又一國走上經濟災難之路。

通貨膨脹之所以吸引人，最明顯、最古老、最頑強的錯

誤，在於把「金錢」和「財富」混為一談。亞當・斯密兩個
多世紀前寫道：「財富存在於金錢、黃金或白銀這個普遍的
觀念，是從貨幣的雙重功能自然而然而來，一是做為商業往
來的工具，二是做為價值的度量。……想要富有，必須取得
金錢。用普通的語言，簡單的說，財富和金錢，在每一方面
都被認為是同義詞。」

真正的財富，當然是在於生產出來的東西和消費的東
西：我們吃的食物、穿的衣服、住的房子；鐵路、道路和車
輛；船舶、飛機和工廠；學校、教堂和戲院；鋼琴、繪畫和
書籍。但是人們的遣詞用字模稜兩可，混淆了金錢和財富，
連那些一開始懂得這些混淆的人，在推理的過程中，也不免
再度混淆不清。每個人都知道，如果自己更有錢，就可以從
別人那裏買到更多的東西；有兩倍的錢，當然可以買兩倍的
東西；有三倍的錢，「身價」會是原來的三倍。許多人認
為，結論再清楚不過：政府只要發行更多的貨幣，並且分配
給每一個人，我們就會變得更富有。

這種人是最天真無知的通貨膨脹支持者。第二種人沒有
那麼天真無知。他們曉得，要是整件事有那麼簡單，那麼政
府只要印鈔票，就可以解決我們所有的問題。他們察覺到，
這裏面有什麼不對勁的地方；所以他們希望政府多印鈔票時
要有節制，只要足夠彌補所謂的「不足」（deficiency）或

「缺口」（gap）就行。

　　他們認為，購買力長期不足，是因為產業並沒有分配足夠的資金給生產者，讓他們能以消費者的身分，買回自己生產的產品。一定有某個地方出現了神祕的「漏洞」。有一群人用公式來「證明」這件事。公式的一邊只計算某種產品一次，另一邊卻無意間把同樣的產品計算好幾次。於是這在他們稱之為「付款款項A」和他們所說的「付款款項A＋B」之間，製造出令人緊張的缺口。所以他們穿上綠色制服，推動一種運動，堅持政府應該發行貨幣或「信用」，以彌補失落的付款款項B。

　　天真無知的「社會信用」宣傳家，看來也許令人發噱。但是這個世界上有不計其數的通貨膨脹支持者，頭腦稍微複雜些。他們提出一些「科學」計畫，能夠發行剛好夠多的額外貨幣或信用，彌補所謂的長期或定期發生的不足或缺口；而缺口的數值，他們是用其他某種方式算出來的。

2

　　比較聰明的通貨膨脹支持者曉得，貨幣數量大幅增加，會減低每個貨幣單位的購買力——換句話說，商品價格會上漲。但是他們並沒有因此覺得困擾。相反的，這正是他們需

要通貨膨脹的理由。其中一些人辯稱，這個結果會改善貧窮債務人相對於富裕債權人的地位。另外一些人認為，這有刺激出口和抑制進口的作用。更有一些人相信，要矯正經濟蕭條、「讓產業再動起來」，以及達成「充分就業」，這是不可或缺的措施。*

關於貨幣數量（包括銀行信用）增加，影響價格的方式，相關的理論不勝枚舉。一方面，就像我們剛剛談過的，有人認為貨幣數量不管增加多少，都不會影響價格。他們相信，貨幣增加，是提高每個人「購買力」的一種手段，能讓每個人購買的產品多於以往。他們似乎沒有停下腳步，提醒自己：全部的人加起來根本不可能購買兩倍於從前的東西，除非生產出數量兩倍的東西。他們也可能認為，抑制生產無限增加的唯一因素，不是人力、工時或產能短缺，而只是貨幣需求短缺；他們認為，如果人們想要某些產品，而且有錢去買它們，那些產品十之八九就會自動生產出來。

另外一種人——包括一些知名的經濟學家——則抱持僵化的機械論，去看貨幣供給對商品價格的影響。這些理論家

---

* 凱因斯的理論說，歸根究柢這是不可或缺的措施。我在《「新經濟學」敗筆》（*The Failure of the "New Economics"*, New Rochelle, N.Y.: Arlington House, 1959）一書中，曾經詳細分析這個理論。

是這麼看事情的：一國所有的貨幣，是相對於所有的產品而
發行的。因此，貨幣總數量的價值乘以它的「流通速度」
（velocity of circulation），一定等於產品被購買的總量之價
值。也因此（假設流通速度不變），貨幣單位的價值一定是
和流通數量以同幅度反向變動。貨幣數量和銀行信用加倍，
那麼「價格水準」也剛好加倍；增為三倍的話，價格水準也
剛好增為三倍。簡單的說，貨幣數量乘以n倍，產品的價格
也一定乘以n倍。

　　我們騰不出篇幅，去解釋這種講起來頭頭是道的說法，
所暗藏的種種謬論。＊我們只談貨幣數量增加，為什麼會使
價格提高，以及如何提高。

　　貨幣數量的增加，一定是透過某種特定的方式。假設貨
幣數量增加，是因為政府的支出高於稅收能夠或者可望支應
的水準。（政府的收入，也可能來自人民拿實質儲蓄購買政
府發行的債券。）比方說，政府印製鈔票，付款給戰時的承

＊ 對這方面的分析有興趣的讀者，不妨參考安德生（B. M. Anderson）
　 所寫的《貨幣的價值》（*The Value of Money*，1917年；1936年新
　 版）；魯威格・米塞斯（Ludwig von Mises）的《貨幣與信用理論》
　 （*The Theory of Money and Credit*，美國版，1935年，1953年）；或
　 者本書作者的《通貨膨脹危機，以及解決之道》（*The Inflation Crisis,
   and How to Resolve It*, New Rochelle, NY,: Arlington House, 1978年）。

包商。這些支出的第一個影響，是提高戰時所用物資的價格，並將更多的錢交到戰時承包商和他們員工的手裏。（在探討價格管制的那一章，為了簡單起見，我們將通貨膨脹帶來的一些複雜狀況延後討論。同樣的，現在討論通貨膨脹，可以把政府試圖管制價格造成的複雜狀況略過不提。即使考慮這些複雜的狀況，也不會改變分析的結果。它們只是帶來某種「堵塞」或「受壓抑」的通貨膨脹，減低或者隱藏以前的一些結果，但導致後面的一些結果惡化。）

　　這麼一來，戰時承包商和他們的員工會有較高的貨幣所得。他們會把這些錢拿去買想要的產品和服務。出售這些產品和服務的人，因為需求增加了，所以能夠提高價格。貨幣所得增加的人，願意支付較高的價格，而不想沒有產品可用，因為他們口袋裏有更多的錢，而且在他們每一個人眼裏，每一塊錢的主觀價值已經降低了。

　　我們把戰時承包商和他們的員工稱做A群體，他們直接增加購買產品和服務的對象稱做B群體。由於銷售量和價格提高，B群體現在會向C群體購買更多的產品和服務。C群體又能提高價格，並有更多的所得，向D群體購買產品和服務。以下依此類推，直到價格上漲和貨幣所得增加幾乎遍及整個國家。這個過程完成之後，幾乎每個人都會有較高的貨幣所得。但是（假設產品和服務的生產並沒有增加），產品

和服務的價格會因此上漲。整個國家並不比以前富有。

　　但是這不表示每個人的相對或絕對財富及所得會和以前相同。通貨膨脹的過程，絕對會對不同群體的命運造成不同的影響。首先得到額外金錢的群體，獲益最多。比方說，A群體的貨幣所得會在價格上漲之前增加，因此他們能夠購買的產品數量，幾乎等比例增加。價格已經上漲了某種程度之後，B群體的貨幣所得增加；但是B群體能買的產品數量還是會增加。不過，這個時候，貨幣所得還沒有增加的群體，只好依較高的價格來購買他們想要的東西。這表示，他們的生活水準將比以前差。

　　用一組假設性的數字，可以把這個過程說明得更清楚。我們把整個社群隨意分成四大類生產者A、B、C、D，他們依序獲得通貨膨脹的貨幣所得利益。在A群體的貨幣所得已經增加30%的時候，他們所購買的產品價格根本還沒有上漲。等到B群體的貨幣所得增加20%，價格平均上漲10%。但是C群體的貨幣所得只增加10%時，價格已經上漲15%。D群體的貨幣所得還沒增加，所購買產品的平均價格已經上漲了20%。換句話說，前面幾類生產者因為通貨膨脹帶來的價格或工資上漲而獲益，但是得以提高價格或工資的後面幾類生產者，則必然在身為消費者的過程中蒙受損失。

　　如果經過幾年，通貨膨脹戛然而止，塵埃落定後，貨幣

所得平均增加25%，價格平均漲幅也相同，而且兩者相當平均地分散到所有的群體。最後的結果，並不會沖銷過渡期間各個群體的利得和損失。比方說，D群體的所得和價格終於上升25%，能夠購買的產品和服務，和通貨膨脹開始前完全相同。但它的所得和價格還沒上漲時，得多付30%向A、B、C等其他的生產群體購買產品和服務的損失，將永遠得不到補償。

3

因此，通貨膨脹又只是我們的核心課程的另一個例子。它可能在很短的時間內，給享受特別待遇的群體帶來利益，但一定會犧牲其他的群體。而且長期而言，它會對整個社群造成傷害。即使相當輕微的通貨膨脹，也會扭曲生產結構。它會導致某些產業過度擴張，但其他的產業受到傷害，包括資本的誤用和浪費。通貨膨脹崩潰，或者戛然而止的時候，方向錯誤的資本投資（形式可能是機器、工廠或辦公大樓）不但沒辦法產生合適的報酬，更有可能損失一部分的價值。

我們也不可能引導通貨膨脹平順和緩的結束，因而扭轉隨之而來的經濟蕭條。通貨膨脹一旦啟動，甚至不可能在預先設想的時點，或在價格升到早先同意的水準時叫停，因為

政治和經濟力量都會失控。當你主張價格上漲25%有它的好
處，就有人進一步主張，價格上漲50%，帶來的好處是前者
的兩倍，更有人主張，價格上漲100%的好處是四倍之多。
能從通貨膨脹獲得利益的政治壓力團體，會堅持繼續維持通
貨膨脹。

此外，我們不可能控制通貨膨脹下的貨幣價值。前面談
過，通貨膨脹的成因絕對不只是機械式的。比方說，你不可
能事先表示，貨幣數量增加100%，則貨幣單位的價值會下
跌50%。我們也說過，貨幣的價值，取決於貨幣持有者的主
觀價值認定。而價值的認定，不單單取決於每個人持有的
量。價值也取決於貨幣的質。戰爭時期，一國的貨幣單位價
值（不使用金本位制），不考慮數量的變化的話，戰勝國的
貨幣匯價會上漲，戰敗國會下跌。貨幣的現值往往取決於人
們預期中未來的貨幣數量多寡。而且，和投機性交易所裏面
的商品一樣，每個人對貨幣價值的認定，不只受他本身認為
價值多少的影響，也受他認為其他每個人如何認定貨幣價值
的影響。

所有這些，可以解釋為什麼惡性通貨膨脹（hyper-
inflation）一旦發生，貨幣單位價值下跌的速度，遠比貨幣
數量正在增加或者能夠增加的速度為快。到了這個地步，災
難已經降臨，整套構想也會宣告破產。

4

　　然而人們對通貨膨脹的熱情始終不減。似乎沒有一個國家能從其他國家的經驗中獲得好處，也似乎沒有一個世代能從先人的痛苦中學到教訓。每一個世代，每一個國家，都有相同的痴心妄想。每個人都伸手去摘死海的蘋果，吃到嘴裏卻化為一團灰燼。通貨膨脹的特質使然，孕育出千百種錯覺。

　　在我們這個時代，主張價格上漲最力的一種說詞，是認為它能「使工業之輪動起來」，能使我們免於經濟停滯和空轉造成的不可彌補的損失，而且帶來「充分就業」。這套說法，是源自亙古以來人們將金錢和真正的財富混為一談。它認為，新的「購買力」將因此存在，而且新購買力產生的影響，將往外擴散到愈來愈廣的圈子，就像一顆石頭丟到池塘裏，掀起陣陣漣漪那樣。但是正如我們談過的，對產品的實質購買力是由其他許多產品組成的，沒辦法只靠印更多我們稱之為鈔票的紙張，就神奇地提高。交易經濟的基本運作方式，是A拿自己生產的東西，去交換B生產的東西。*

　　說穿了，通貨膨脹真正想做的事，是改變價格和成本之間的關係。它希望帶來的最重大改變，是提高相對於工資率

的商品價格，並且藉恢復價格和生產成本之間可以行之久遠
的關係，力求重振企業的獲利，而在資源閒置的那一點，鼓
勵恢復生產。

　　談到這一點，大家可以馬上看得很清楚：把不能行之久
遠的工資率降低，是更直接和更誠實的做法。但是歷盡滄桑
的通貨膨脹支持者相信，這種做法在政治上不可行。有些時
候他們更進一步，把為了減低失業，直接調降工資率的任何
計畫，不分青紅皂白貼上「反勞工」的標籤。但是他們本身
提出的計畫，講白一點，其實是透過價格上漲，以降低實質
工資率（也就是用購買力衡量的工資率）的方式，來欺瞞勞
工。

　　但是他們忘了，勞工也愈來愈精明了；大工會聘用勞工
經濟學家，這些人曉得什麼叫做指數數字，所以勞工不會輕

---

* 參照：約翰‧彌爾（John Stuart Mill）的《政治經濟原理》（*Principles of Political Economy*; Book 3, Chap. 14, par.2）；艾爾佛烈德‧馬歇爾（Alfred Marshall）的《經濟學原理》（*Principles of Economics*; Book VI, Chap. XIII, sec. 10）；班傑明‧安德生（Benjamin M. Anderson）的〈反駁凱因斯對總體供給創造總體需求學說的抨擊〉（A Refutation of Keynes' Attack on the Doctrine that Aggregate Supply Creates Aggregate Demand），刊於經濟學家論文集《資助美國的繁榮》（*Financing American Prosperity*）。也請參照：本書作者編纂的論文集《凱因斯經濟學批判》（*The Critics of Keynesian Economics*; New Rochelle, N.Y. : Arlington House, 1960）。

易被騙。因此,依目前的狀況,這套政策似乎不可能達成它的經濟或政治目標。力量最強的工會,工資率最需要矯正,卻反而堅持它們的工資率至少必須依照生活費用指數的增幅,等比例調高。如果勢力強大的工會得逞,那麼價格和重要工資率之間不能行之久遠的關係就會繼續存在。事實上,工資率的結構甚至可能變得更扭曲——沒有參加工會的工人為數眾多,他們的工資率在通貨膨脹之前並沒有過高(甚至可能因為遭受工會排擠,而被壓得過低),而在價格上漲的過渡期間,又受到進一步的懲罰。

5

簡單的說,比較精明的通貨膨脹支持者,一點都不坦白。他們並沒有開誠布公把自己的理由講清楚,最後連自己也受騙上當。他們和比較天真無知的通貨膨脹支持者一樣,開始暢談紙貨幣,好像它本身就是一種財富,可以用印鈔機隨意創造出來似的。他們甚至正經八百地討論一種「乘數」(multiplier)——政府每印製和花用一塊錢,整個國家的財富就會很神奇地增加好幾塊錢。

簡言之,他們將一般人和自己的注意力,從目前經濟蕭條的真正原因上移開了。大多數時候,真正的原因是工資—

成本─價格結構失調：工資和價格之間失調、原物料價格和製成品價格之間失調、一種價格和另一種價格或一種工資和另一種工資之間失調。在某個時點，這些失調消滅了生產的誘因，或使得生產不可能繼續進行；經由交易經濟體有機式的唇齒相依關係，不景氣因此擴散開來。等到這些失調被矯正，才有可能恢復充分生產和充分就業。

　　沒錯，通貨膨脹有時可以矯正它們，不過這是草率、危險的方法。這種矯正方法並沒有光明正大、公開誠實地執行，而是訴諸錯覺。通貨膨脹其實是將一張錯覺面紗，罩在每一種經濟過程上面。它把幾乎每個人都搞糊塗了，也欺騙了他們，連身受其害的人也不例外。我們都習慣於用金錢來衡量自己的所得和財富。這種心理習慣十分強烈，連專業的經濟學家和統計學家，也沒辦法經常擺脫它。永遠從實體產品和實質福祉的角度來看它們之間的各種關係，這可不容易。當我們聽到，國民所得比通貨膨脹之前增加一倍，誰不會覺得更加富有和感到驕傲呢？連本來週薪75美元的辦事員，現在拿120美元，也覺得自己日子過得更好，卻不管生活費用是領75美元時的兩倍。他當然不是沒看到百物騰貴，生活費用節節上漲，但是他也沒有充分體會到自己的真實處境。他的處境，就像是生活費用沒變，但薪水減少，購買力當然降低，就像現在雖然薪水提高，物價卻上漲。通貨膨脹

有如自我暗示、催眠術、麻醉劑，可以減輕手術時的痛苦。
通貨膨脹也像鴉片。

6

　　這正是通貨膨脹的政治功能。由於通貨膨脹能把每一件
事情都搞混，難怪現代的「計畫經濟」政府老是喜歡用它。
單舉一個例子來說，第四章談到，有人相信推動公共建設，
一定能夠創造新的就業機會。這種看法是錯的。我們說過，
如果投入公共建設的錢是靠稅收，那麼政府每用一塊錢在公
共建設上，納稅人花在滿足個人所需的錢就會少掉一塊錢，
而且公共建設每增多一個工作機會，民間工作就會少掉一
個。

　　但是如果公共建設的支出，不是靠稅收來支應呢？假使
政府是靠赤字融通來推動公共建設，也就是利用借來的錢，
或者啟動印鈔機——這麼一來，剛剛所說的結果似乎不會發
生。這種公共建設似乎是靠「新的」購買力創造出來的。你
不能說納稅人的購買力被拿走。整個國家似乎沒花什麼錢，
卻有了某些東西。

　　但是根據我們的課程，我們必須看看更為長遠的結果。
政府借來的錢，總有一天必須償還。政府不能無限期不斷累

積債務；這麼做的話，總有一天會破產，就像亞當‧斯密
1776年所說的：

> 一旦國家的債務累積到某種程度，我相信，極少能夠
> 公正和完全償還。公共收入如果終能釋出，總是破產引
> 起的；有些時候是公然為之，但總是十分真實，不過更
> 常見的則是假裝支付。

但是當政府開始償還它累積的公共建設債務時，課徵的
稅收必定多於支出。因此，以後它毀掉的工作，一定多於所
創造的工作。這時需要課徵特別重的稅，不只會奪走購買
力，也會降低或者毀掉生產誘因，因而減低國家的總財富和
所得。

避開這個結論的唯一方法，是假設（極力倡導政府支出
的人，當然總是如此假設）大權在握的政治人物，只在經濟
蕭條或「通貨緊縮」期間才花錢，並在經濟欣欣向榮或「通
貨膨脹」期間趕緊把錢還清。這只是一廂情願的想法。大權
在握的政治人物，從來不這麼做。此外，經濟預測總是那麼
難以捉摸，運作中的政治壓力又有它獨特的一面，所以政府
不可能這麼做。赤字支出一旦啟動，就會製造強而有力的既
得利益，要求不管在什麼情況下，都要繼續實施。

　　如果不是真心誠意想要償還日積月累的債務，而改以通貨膨脹來因應，那麼結果就是我們剛剛說過的。整個國家不可能不勞而獲。通貨膨脹本身是課稅的一種形式，而且可能是最糟的形式，支付能力最低的人，負擔通常最沉重。假設通貨膨脹對每個人和每件事情的影響相等（我們說過，絕對不會有這種事），那就相當於對所有的商品，課徵百分比相同的單一銷售稅，麵包與牛奶的稅率和鑽石與皮衣一樣高。或者，可以想像成是對每個人的所得，課徵相同百分比的單一稅率，絕無例外。不只每個人的支出要課稅，連他的儲蓄帳戶和人壽保險也得課稅。事實上，那有如單一的資本稅，無人例外，窮人繳納的稅率，和富人一樣高。

　　但是情況比這更糟，因為我們說過，通貨膨脹對每個人的影響不會一律相同。有些人受害比其他人大。通貨膨脹對窮人課徵的稅率通常比富人重，因為他們缺乏相同的財力，去投機購買實質資產，以保護自己。通貨膨脹這種稅，不是稅捐稽徵機關所能控制的。它向四面八方亂竄。通貨膨脹課徵的稅率並不固定，沒辦法事先確定。我們曉得今天的稅率是多少，卻不知道明天會是多少；等到明天，又不知道後天是多少。

　　和其他的稅一樣，通貨膨脹會決定個人和企業的政策，所有的人都不得不遵循。它抑制了節約儉樸的行為，鼓勵各

種浪費、賭博、不顧後果的做法。由於它，投機往往比生產獲利更高。它扯裂了穩定的經濟關係。它那無法推翻的不公，驅使人們放手一搏，拼命尋找補救的方法。它埋下法西斯主義和共產主義的種子。它促使人們要求採行極權控制。最後的下場，必定是理想破滅和崩潰的苦果。

第24章

抨擊儲蓄

　　從古時候流傳下來的金玉良言，教我們要懂得儲蓄的美德，並且警告我們，揮霍無度的下場慘不忍睹。這個古老的智慧，反映了我們共同的道德判斷，以及人無遠慮，必有近憂的明智抉擇。但是這個世界上，總是有人浪擲千金，也總是有些理論家，為他們花錢如流水的行為，尋找合理化的藉口。

　　古典經濟學家勇於駁斥他們那個時代的種種謬論，告訴我們：符合個人最佳利益的儲蓄政策，也符合國家的最佳利益。他們指出，懂得未雨綢繆的理性儲蓄者，不但不會傷害整個社群，反而對整個社群有幫助。但是今天，古老的節儉美德，以及古典經濟學家的高論，再次被人用所謂的新理由展開抨擊，反其道而行的支出論調則領導流行。

　　為了盡可能把這個十分基本的問題講清楚，我覺得用佛烈德瑞克・巴斯夏（Frederic Bastiat）的古典例子起頭，再

好不過了。假設有兩兄弟各繼承了一筆財富，每年有五萬美元的收益，但是其中一人揮霍無度，另一人節儉度日。我們不談所得稅，或者兩兄弟是不是應該去工作賺錢或把大部分錢捐給慈善機構，因為這些問題和現在的主題無關。

哥哥艾爾文揮金如土，不只個性上喜歡花錢，也花得振振有詞。他是卡爾·羅特貝爾圖斯（Karl Rodbertus）的忠實信徒。羅特貝爾圖斯在十九世紀中葉宣稱，資本家「應該出手闊綽，過著舒舒服服的生活，把最後一毛錢的收入都花掉」，因為如果他們「決定儲蓄，……累聚財物，工人將沒有工作可做」。* 艾爾文常到夜總會；小費出手十分大方；他打腫臉充胖子，養了很多僕從；雇用兩名私家司機，車子怎麼買都不嫌多；畜養一批賽馬；喜歡駕遊艇出航；四處旅行；給太太買鑽石項鍊和毛皮大衣；送朋友昂貴卻無用的禮物。

所有這些，必須動用到老本。但那又怎麼樣？如果儲蓄是一種罪惡，不儲蓄當然就是美德；再說這麼做，可以補償吝嗇鬼弟弟班傑明只知道儲蓄所造成的傷害。

不用說，艾爾文很受衣帽間女服務員、侍者、餐廳老闆、皮貨商、珠寶商、各式豪奢商品店家的歡迎。在他們眼

---

* Karl Rodbertus, *Overproducion and Crises* (1850), p.51.

裏，他猶如散財童子。大家都看得很清楚，由於他四處大灑
銀子，才有那麼多工作可做。

　　相形之下，弟弟班傑明的人緣就沒有那麼好。他很少光
顧珠寶店、皮貨店或夜總會，也不會直呼侍者領班的名字，
拉近彼此的距離。艾爾文不只把每年五萬美元的收入全花
掉，不夠的部分，只好吃老本。班傑明的生活卻儉樸得多，
一年只花掉二萬五千美元左右。在那些目光如豆的人眼裏，
他提供的工作機會顯然不到艾爾文的一半，另外二萬五千美
元則一點用處也沒有，就像是不存在一樣。

　　不過，我們來看看班傑明另外那二萬五千美元到底拿去
做什麼用途。那筆錢，他並沒有放在皮夾子、書桌抽屜、保
險箱裏面。他把錢存到銀行，或者拿去投資。如果他是存到
商業銀行或儲蓄銀行，銀行會借給企業作短期資金周轉之
用。他也可能購買證券。換句話說，班傑明的錢用於直接或
間接投資。把錢拿去投資，可以購買或生產資本財——房
屋、辦公大樓、工廠、船舶、貨車、機器。任何這些用途，
都能使錢投入流通、創造就業機會，它的量和直接將錢花在
消費上一樣多。

　　簡單的說，現代世界中的「儲蓄」，只是另一種支出的
形式。兩者的差別，通常在於前者是把錢交給別人，花在提
高生產的手段上。班傑明既「儲蓄」又「支出」的資金運用

方式,和艾爾文一味支出相比,創造的就業一樣多,投入流通的資金也一樣多。主要的不同點在於,艾爾文花錢提供的就業機會,每個人都看得到;但我們有必要再看仔細一點,而且多加思考,才能認清班傑明儲蓄下來的每一塊錢,所創造的就業機會,不亞於艾爾文四處浪擲的每一塊錢。

十二年後,艾爾文破產了。他不再流連於夜總會和時尚精品店;他原來寵顧的那些人,談到他,都說他是傻蛋一個。他寫信向班傑明告貸。班傑明的支出和儲蓄比率還是和以前一樣,而且不只因為年年投資,收入不斷增加,所以比以前提供了更多的就業機會,也透過他的投資,協助提供了待遇更好和生產力更高的工作。他的資本財富和收入都比以前高。簡單的說,他增添了國家的生產能力,艾爾文卻沒有。

2

近年來,關於儲蓄的謬論與日俱增,不能都借用上面兩兄弟的例子來加以駁斥,有必要多用一些篇幅來談。許多謬論連最粗淺的東西都搞混,到了令人匪夷所思的地步,尤其連一些知名經濟作者的見解,更是叫人拍案稱奇。比方說,儲蓄一詞有時被人用來只指聚藏(hoarding)金錢,有時是

指投資，兩者之間一直沒有明顯的區別。

　　缺乏理性、毫無來由地大量聚藏金錢，在大部分經濟狀況中都屬有害。但是聚藏金錢的情形非常少見。景氣滑落之後，經常有類似的行為出現，不過應該審慎地和實際的聚藏金錢區分開來。消費支出和投資都會因此雙雙萎縮。消費者減少購物，部分原因是擔心工作不保，所以省吃儉用，留點錢以備不時之需；也就是說，他們減少購物，不是生性節儉的緣故，而是為防萬一丟掉飯碗，消費能力能夠維持更長的時間。

　　消費者也會因為另一個原因而減少購物。產品價格可能下跌，但是消費者預期還會跌得更多，因此延後支出，相信將來同樣的錢能夠買到更多的東西。他們不希望將資金套牢在價值正在下跌的商品上；他們認為，金錢的（相對）價值會上升。

　　他們也會因為同樣的預期心理而不去投資。他們對企業的獲利能力失去信心；或者，至少他們相信，再等幾個月，可以用更便宜的價格買到股票或債券。我們可以說他們不願持有價值可能下跌的商品，也可以說他們想要持有價值可能上漲的金錢。

　　把這種暫時不願購物的行為稱之為「儲蓄」，是不對的。它的動機和一般的儲蓄不同。將經濟蕭條怪罪到這種

「儲蓄」上,更是大謬不然。相反的,它是經濟蕭條的「果」,不是「因」。

沒錯,消費者不願購物,可能使經濟蕭條更為惡化和拉長經濟蕭條的期間。有些時候,政府對企業的干預反覆無常,企業不知道政府接下來會做什麼事,不確定性就會增加。於是,企業和個人不把獲利拿去再投資,任令存在銀行裏面的現金餘額愈升愈高。他們寧可保有更多的準備金,以防萬一。聚藏現金的這種行為,看起來也許像是隨之而來的景氣下滑的因;但是真正的原因,是政府的政策製造出前景不明的經營環境。企業和個人保有更多的現金,只是從那種不明確狀況產生的一連串結果的一個環節而已。把景氣滑落怪罪到「過度儲蓄」上,就像蘋果價格下跌,不去怪蘋果豐收,卻怪人們不肯出更高的價格買蘋果一樣。

但是當人們決定要嘲笑某種做法或機制的時候,發表的言論不管多麼不合邏輯,他們都覺得言之成理。有人說,各種消費性產品工業,是預期有某種需求存在而建立起來的,如果人們只知道把錢存起來,這種預期就會落空,並且引發經濟蕭條。這種說法,主要是源自我們已經談過的謬誤——忘了消費財方面省下的支出,是花在資本財上面,而且這種「儲蓄」(節約)不一定代表總支出會少掉一塊錢。他們的說法,唯一真確的一點,在於突然之間的任何變化,可能會吹

皺一池春水。如果消費者的需求，突然之間從某種消費性產品轉移到另一種，也一樣會引發動盪不安。要是以前的儲蓄者，需求突然從資本財轉為消費財，引起的動盪更大。

反對儲蓄的另一種意見，是指稱儲蓄是蠢事一樁。十九世紀反覆灌輸人們儲蓄的觀念，如今卻引來譏嘲，說這麼一來，餅愈做愈大，卻沒人去吃它。這樣的講法顯得幼稚無知。用一幅更合理務實的畫面，把實際發生的事情呈現在我們眼前，也許最能看出那樣的講法是胡說八道。

假設一國每年的儲蓄占總生產的20%左右。這個數字遠遠超過美國歷年來的淨儲蓄紀錄，* 但是取個整數比較容易計算，也可以讓那些相信我們「儲蓄過度」的人啞口無言。

由於每年的儲蓄和投資，這個國家的總生產年年增加。（為了單獨討論這個問題，我們不考慮經濟的榮枯或其他的波動。）假使生產每年增加2.5個百分點（為了簡化計算，我們用百分點，不用百分率）。十一年下來，指數值的變化如下表所示：

---

* 根據歷史紀錄，20%大約是國民生產毛額（gross national product）每年投入資本形成（不包括消費性設備）的毛值。但是如果扣除資本消費，每年的淨儲蓄接近12%。參照：George Terborgh, *The Bogey of Economic Maturity* (1945)。1977年官方估計的民間國內投資毛額，占國民生產毛額的16%。

年	總生產	消費財生產	資本財生產
第1年	100	80	20*
第2年	102.5	82	20.5
第3年	105	84	21
第4年	107.5	86	21.5
第5年	110	88	22
第6年	112.5	90	22.5
第7年	115	92	23
第8年	117.5	94	23.5
第9年	120	96	24
第10年	122.5	98	24.5
第11年	125	100	25

　　這張表首先必須一提的是，由於儲蓄，總生產每年增加；少了儲蓄，總生產就不會增加。（沒錯，你也可以想像，單單用改良和新發明去取代舊機械和其他的資本財，而且價值不超過後者，也能提高全國的生產力；但是這方面的增幅非常小，而且必須假設以前已有足夠的投資，目前的機械設備才有可能存在。）我們年復一年運用儲蓄，以增加現有機械設備的數量，或改善其品質，從而提高全國的產品產量。沒錯，「餅」是會每年愈做愈大（正是這一點，才有人

---

* 這裏當然是假設儲蓄和投資已經以相同的速率在進行。

以奇怪的理由挺身反對)。沒錯,每一年做出來的餅,不會
全部吃掉。但是這裏面並沒有不合理性或者累積性的自我克
制。其實,每年吃掉的餅愈來愈大塊;到了第十一年底,該
年單單消費者吃掉的餅,就等於第一年消費者吃掉的餅和生
產者吃掉的餅的總和。此外,用來生產產品的資本設備,也
比第一年多25%。

我們再來談幾件事。每年國民所得的20%用於儲蓄,一
點也不會擾亂消費性產品工業的營運。如果第一年它們生產
的產品只賣出80單位(而且價格不因為若干需求未獲滿足而
上漲),第二年它們擬定生產計畫的時候,當然不會笨到假
設能夠賣出100單位。換句話說,消費性產品工業已經習慣
假設過去的儲蓄率會持續下去。只有儲蓄出乎意料突然大
增,才會擾亂它們的生產,留下一堆賣不出去的產品。

但是我們談過,儲蓄突然大減,也會擾亂資本財工業的
生產。要是以前用於儲蓄的錢,轉為購買消費性產品,就業
不會增加,只會使消費性產品的價格升高,以及資本財的價
格下跌。它首先會造成的整體影響,是迫使就業移轉,以及
因為對資本財工業產生的影響,導致就業暫時減少。長期的
影響,則是生產減少,低於本來可以達成的水準。

3

儲蓄之敵還不止這些。他們首先將「儲蓄」和「投資」區分得相當恰當。但是接下來,他們談起儲蓄和投資,好像它們是獨立的變數,即使它們彼此相等,也認為是純屬偶然。這些經濟作者所勾勒的畫面,叫人瞠舌不下。一方面,儲蓄者會自動、毫無來由、愚蠢地繼續儲蓄;另一方面,有限的「投資機會」沒辦法吸納這些儲蓄。唉,結果是經濟遲滯不前。他們宣稱,唯一的解決方法,是由政府出面徵用這些愚蠢和有害的儲蓄,投資到政府推動的計畫上,把錢用掉,並且提供就業機會,即使那只是毫無用處的水溝或金字塔也無妨。

這幅畫面與這種「解決方案」有太多的敗筆,我們這裏只能指出一些主要的謬誤。儲蓄會超過投資的部分,只有在真的被人聚藏的現金。* 置身於現代的工業社群中,極少人會把硬幣和鈔票藏在襪子裏面或床墊底下。這種事情是有可

---

* 經濟學家對於這個主題的許多不同的看法,其實只是定義不同造成的結果。儲蓄和投資也可以定義為相同的東西,所以必然相等。我在這裏,從貨幣的角度定義儲蓄,從商品的角度定義投資。這和這兩個名詞的一般用法大致相符,但並不是始終如一。

能發生，只是發生的機率不高，也已經反映在企業的生產計畫和價格水準上。它甚至不具累積性的效果——行為古怪的隱居者溘然長逝之後，聚藏的現金被人找到，拿出來花用，就此消失不見，甚至可以多過被人聚藏的新現金。事實上，這方面的總金額對企業活動的影響可說微不足道。

如果像我們說過的那樣，錢放在儲蓄銀行或商業銀行裏，銀行會急著把錢借出去或者拿去投資。它們不能任令資金閒置在那邊不動。前面說過，會使人們普遍願意增加持有現金，或銀行寧可資金閒置，失去賺取利息機會的唯一原因，是擔心產品的價格下跌，或者銀行擔心本金冒太大的風險。但這是因為經濟衰退的跡象已經顯現，造成聚藏現金的行為，而不是聚藏現金的行為引發經濟衰退。

除了微不足道的現金聚藏（即使是這種例外情形，也可視為直接「投資」於金錢本身），儲蓄和投資會趨於彼此均衡，就像任何商品的供給和需求會趨於均衡那樣。我們可以把儲蓄和投資分別定義為構成新資本的供給和需求。其他任何商品的供給和需求，在價格的牽引下會趨於相等，資本的供給和需求也一樣，在利率的牽引下會趨於相等。利率只是資本借貸價格的特殊名稱，和其他的價格沒有兩樣。

近年來，這個主題被複雜難懂、似是而非和造成災難的政府政策混淆得十分嚴重，令人絕望地以為，這個世界已經

不懂得什麼是常識，神智再也沒有恢復清明的一天。人們病態地害怕利率「過高」。他們大放厥詞，說如果利率太高，產業界借錢來投資新廠房和機器，會賺不到錢。這套說詞果然有效，近數十年來每個國家的政府都以人為的力量，實施「廉價資金」政策。但是相關的論調只關心如何提高資本的需求，卻忽視這些政策對資本供給的影響。只看政策對某個群體的影響，忘掉另一個群體所受到的影響，這樣的謬論，又多了一個實例。

如果相對於風險，利率被刻意壓得太低，儲蓄和借貸都會減少。支持廉價資金政策的人，相信不管利率是高是低，儲蓄都會自動發生，因為錢太多的人除了把錢存起來，別無其他的辦法。他們並沒有告訴我們，到底在什麼樣的個人所得水準，一個人才會不管利率高低或把錢借出去的風險高低，而都儲蓄固定的最低金額。

實際的情況是，雖然大富人家的儲蓄金額受利率變動的影響，比例上遠小於中富人家所受的影響，但是幾乎每個人都受到某種程度的影響。我們用一個極端的例子來說明。有人聲稱，實質儲蓄金額不會因為利率大幅下降而減少。這種說法就好比說，糖的總產量，不會因為價格大幅下跌而減少，原因是高效率、低成本的生產者會提高產量。他們忽略了邊際儲蓄者，甚至忽略了絕大部分的儲蓄者。

以人為的力量壓低利率所造成的影響，其實和把其他任何價格壓低到自然市場水準以下，所產生的影響相同：需求會增加，供給會減少。也就是說，資本的需求增加，但是實質供給減少。它會造成經濟扭曲。沒錯，用人為的力量壓低利率，會鼓勵借款增加。事實上，利率壓低往往會鼓勵高度投機性的活動，而這些高度投機性的活動，只有在滋長它們的人為環境下，才有可能持續下去。從供給面來說，用人為的力量壓低利率，會抑制正常的節約、儲蓄和投資行為。它會減低資本的累積、減緩生產力的成長、「經濟成長」，以及它熱切想要促進的「進步」。

其實，只有持續不斷注入新資金或者擴張銀行信用取代實質儲蓄，資金利率才有可能以人為的力量壓低。這會製造資金增加的假象，就像多摻點水，會讓人覺得牛奶增多一樣。但這是一種追求持續通貨膨脹的政策。這個過程帶來的危險，顯然具有累積的效果。通貨膨脹一旦反轉，或者只要通貨膨脹戛然而止，或甚至以較慢的膨脹速度持續下去，資金利率就會上漲，危機也會爆發。

我們還是有必要指出，雖然新注入的資金或銀行信用起初能使利率暫時降低，但是一直採用這種做法，終有一天利率一定會上升。這是因為新注入的資金，往往導致貨幣的購買力下降。資金出借人曉得，今天借出去的錢，一年後（比

方說）收回時，能買的東西會減少。因此除了正常的利率水準，他們還會加上一筆溢價，以補償預期的貨幣購買力的損失。這個溢價可能相當高，取決於預期的通貨膨脹率的高低。由於這個原因，1976年英國國庫券的年利率上升到14%；1977年義大利政府公債的殖利率高達16%；1974年智利中央銀行的重貼現率激升到75%。簡單的說，廉價資金政策所造成的景氣波動，遠比補救性或防止性的政策劇烈。

如果不以製造通貨膨脹的政府政策去干擾資金利率，那麼儲蓄增加會以自然的方式，經由利率的降低而提高本身的需求。尋求投資機會的儲蓄，供給愈多，會迫使儲蓄者接受愈低的利率。但是利率下跌，也表示會有更多的企業願意借錢，因為借錢來購買新機器或廠房，可望賺進的利潤，更有可能超過必須支付的借款利息。

4

接下來要談和儲蓄有關的最後一個謬論。經常有人認為，能夠被吸納的新資本數量，有一定的上限，或甚至已經達到了資本擴張的上限。懵懂無知的人抱持這樣的觀念，已經叫人咋舌不已，連科班出身的經濟學家也持有相同的見解，更是叫人驚訝。現代世界幾乎全部的財富，也就是十七

世紀工業革命以來的幾乎每一樣東西，都是由它累積的資本
構成的。

這個資本，有一部分包含很多東西，也許稱之為消費性
耐久財比較好，像是汽車、電冰箱、家具、學校、大學、教
堂、圖書館、醫院，尤其是私人住宅。世界歷史上，這些東
西從來沒有足夠的一天。就算住宅的「量」夠多，可以改善
和想要改善的「質」，也就是興建更好的房屋，卻永遠沒有
上限。

資本的第二部分，可以稱之為資本本體，由生產工具組
成，包括最原始的斧、刀、犁，到最精密的工具機、最大的
發電機或迴旋加速器，或者設備最先進的工廠。在這方面，
可以擴增和想要擴增的「量」，尤其是「質」，也同樣沒有上
限。這裏沒有「過剩」的資本，除非最落後國家的科技配
備，已經和最先進國家的不相上下；美國效率最差的工廠，
已經和設備最新、最好的工廠看齊；最現代化的生產工具，
終於達到人類聰明才智的極限，再也無法改善為止。只要上
面所說的情況之一仍然沒有實現，就有無限的空間容納更多
的資本。

但是如何能夠「吸納」額外的資本？如何能夠「償付」
它們？如果能將資本儲蓄起來，它會自行吸納和自行償付。
生產者會投資於新的資本財（也就是購買更好、更精巧的新

工具），因為這些工具能夠降低生產成本。完全靠手工根本
做不出來的產品，這些工具做得出來（今天我們身邊大部分
的產品都是如此，例如書籍、打字機、汽車、火車頭、懸吊
式橋樑）。或者，這些工具能夠大幅增加產品的數量。或者
（只是用不同的方式來談這些事），這些工具能夠降低單位生
產成本。而且，就像單位生產成本可以降到什麼程度並沒有
極限──直到每樣東西根本不花成本就能生產出來為止──
可以吸納的新資本數量，也沒有極限。

　　新增加的資本，使得單位生產成本穩定下降，可以做到
下面兩件事其中的一件，或者同時辦到：它可以減低消費者
購買產品的成本，以及提高使用新設備的勞工領得的工資，
因為新設備能夠提升勞工的生產力。因此，新機器對直接使
用它們的人，以及廣大的消費者，都有好處。對消費者來
說，同樣的錢，能夠買到更多、更好的產品。或者，可以這
麼說：他們的實質所得提高了。對使用新機器的勞工來說，
除了貨幣工資增加，實質工資也增加了。汽車業是個典型的
例子。美國的汽車工業，工資是世界上最高的，甚至在美國
各行各業中，工資也居於高水準。例如（大約1960年以前）
美國的汽車製造商，產品售價之低冠於全球，因為其單位成
本較低。其中的關鍵，在於美國生產汽車時，每位勞工和每
輛汽車使用的資本，高於其他國家。

　　不過，有人認為我們已經到達這個過程的末期，* 也有人認為，即使我們還沒到達，整個世界不斷儲蓄和增加資本存量，未免愚不可及。

　　經過我們的分析，到底誰才是真正的傻瓜，應該不難判斷。

　　（近年來美國的確失去了全球經濟的領導地位，但原因出在美國政府本身的反資本主義政策，和「經濟成熟」無關。）

---

* 反駁這個謬論的統計數字，可以參考喬治・特波（George Terborgh）所著《經濟成熟的歪理》（*The Bogey of Economic Maturity*，1945年）。特波博士所駁斥的「經濟停滯論者」（stagnationists），繼之而起的是理論相近的蓋爾布雷斯學派（Galbraithians）。

第25章

課後溫習

　　我們一而再，再而三見到，經濟學是要求認清次要影響的一門學科。它也是看清一般影響的學科。這門學科在追蹤計畫中或現行政策的影響時，不只看它對若干特殊利益團體的短期影響，也要看它對一般利益的長期影響。

　　這是本書特別關注的教訓。我們先舖陳它的骨架，接著再用無數的實例，給它加入血肉。

　　但是在詳加闡述的過程中，我們發現其他一般性教訓的線索。把這些教訓說得更明白些，對我們有幫助。

　　既然將經濟學視為追蹤各種影響的學科，我們就必須像邏輯和數學那樣，了解到這門學科也必須認清一些不可避免的含意。

　　我們用個簡單的代數方程式來說明這一點。假設 $x = 5$，以及 $x + y = 12$。「解」這條方程式，得出 y 等於 7。這個結果十分精確，是因為計算式告訴我們，y 等於 7。它並

沒有直接宣告這件事，但是它不可避免地帶有這個含意。

對這條簡單的方程式來說真確的事情，對大部分複雜深奧的數學方程式來說也真確。答案已經存在於問題的陳述之中。沒錯，我們需要去把它「算出來」。沒錯，解方程式的人算出結果之後，可能嚇一跳。他甚至可能發現全新的某些東西——那種興奮震撼，就像「仰望天空，新星躍進眼簾」。那種發現的感覺，可能從答案的理論或實務結果得到驗證。不過，答案早已包含在問題的陳述裏面，只是沒能一眼看出來而已。數學提醒我們：不可避免的含意，不見得是顯而易見的含意。

所有這些，用到經濟學上也一樣真確。在這方面，經濟學也可以拿工程來比喻。工程師遇到問題的時候，必須先確定對那個問題有影響的所有事實。如果他要設計跨越兩個點的一座橋樑，就必須先知道這兩點之間的確切距離、它們確實的地形特色、橋樑設計的最大負重、鋼或其他材料的抗張和壓縮強度、它可能承受的壓力及拉力。這些事實資料，大部分都已有其他人研究過。他的前輩也已經精心導出各種數學方程式，只要知道材料的強度和它們將承受的壓力，他就能確定橋塔、纜線、樑的必要直徑、形狀、數量和結構。

同樣的，經濟學家面對實務上的問題，必須同時知道那個問題的基本事實和根據事實而來的有效演繹。經濟學的演

繹面，重要性不亞於事實面。我們可以引用桑塔雅納的邏輯
論（用數學也一樣可以說得很好）來說，它「探尋的是輻射
狀真理」，因此，「已知一段邏輯體系用以描述某項事實，
則依附那段體系的整個體系，就會變得清澈無比」。*

　　現在，極少人能夠認清他們不斷提出的經濟陳述必然帶
有的含意。他們說，拯救經濟的方法，就是擴張信用——這
就等於是說，要拯救經濟，就得加重債務。這是從不同的面
向看同一件事情。他們說，邁向繁榮的方法，是提高農產品
的價格，這就等於表示，邁向繁榮的方法，是讓都市勞工購
買的食物價格變貴。他們說，增加全國財富的方法，是政府
提供補貼，這無異於表示，要增進國家的財富，就得加重稅
負。他們主張以增加出口為主要目標的時候，大部分人並不
知道，最後也一定要以增加進口為主要目標。他們說，在幾
乎所有的情況下，刺激經濟復甦的方法是提高工資率，這等
於拐彎抹角表示，提高生產成本，才能促使經濟復甦。

　　若是說，這些提案就像硬幣一樣，一定有其反面；或者
說類似的提案（或說是經濟處方也可以），它的名稱聽起來
不那麼吸引人——這不一定表示，原始提案在所有的情況下
都有欠妥善。有些時候，借來的資金可以產生很大的利益，

---

* George Santayana, *The Realm of Truth* (1938), p.16.

加重債務只是非常次要的考量;有些時候,政府不得不用補
貼的方式,達成軍事上的目標;有些時候,某個行業有能力
忍受生產成本的上升。不過,不管是哪一種狀況,我們都務
必要同時考慮硬幣的兩面,也探討提案的所有含意。可惜很
少人會這麼做。

2

我們所作的分析,伴隨著一個教訓:在我們研究各項提
案的影響時,不只看短期內特殊群體所受的影響,也看長期
內所有的群體受到的影響,但是結論往往只用普通常識就能
推論而得到。對經濟學知識一知半解的人,也不會覺得窗戶
被打破和城市遭到摧毀是件好事;推動不必要的公共建設,
一點都不浪費;一堆閒人重回勞動市場非常危險;能夠增進
財富的創造,以及讓工作更省力的機器,令人不寒而慄;阻
礙自由生產和自由消費的措施,可以提高財富;強迫其他國
家以低於生產成本的價格,購買我們的產品,可以讓我國變
得更加富裕;儲蓄是既愚蠢又邪惡的行為,揮霍無度才能帶
來繁榮。

亞當・斯密用極其普通的常識,回應當時的詭辯家說:
「每個家庭的明智行為,用於整個國家,很少會是錯的。」

但是一般人很容易迷失在複雜的狀況裏。即使得出來的結論大謬不然，他們也不會重新檢討本身的推理過程。培根（Francis Bacon）說：「懂得一點哲學皮毛的人，很容易否定神的存在。深入了解哲學，則會使人生出虔誠的宗教信仰。」依讀者本身的信仰而定，可能接受，也可能不接受這句警世箴言。不過，下面這句話卻千真萬確：懂得一點經濟學皮毛的人，很容易做出我們剛剛列舉的種種荒謬悖理的結論，但是深入了解經濟學，人們會重新用普通常識來看事情。所謂深入了解經濟學，是指探討一項政策產生的所有影響，不是只看眼前看得到的事情。

3

一路研究過來，我們也和一位老朋友重逢了。他就是威廉・葛雷姆・桑默（William Graham Summer）的「被遺忘的人」（Forgotten Man）。讀者也許還記得桑默1883年所寫的文章：

A觀察到他覺得是錯的事情，害X因此受苦受難，於是和B談這件事，兩人接著提議立法，矯正那不對的事情，並且幫助X。他們通過的法律，總是規定C應該為

X做什麼事，更好的情況則是A、B和C應該為X做什
麼事……我想做的事，是探討C……我稱他為「被遺忘
的人」……他是從來不會被想到的人。他是被改革派、
社會投機客和慈善家所犧牲的人。我想提醒你，他的特
徵和加在他身上的許多負擔，值得你注意。

1930年代再度有人提起「被遺忘的人」一詞，不是指
C，而是指X，真可說是歷史的反諷。至於C，則是被要求
支持更多的X，和以前比起來，更是徹底遭人遺忘。被遺忘
的人C，老是奉命付出為人作嫁的慷慨，來替政治人物淌血
的心止血。

4

如果我們相當關心的一個基本謬論，不是偶然發生的，
而是系統性地出現，我們卻視而不見，那麼這堂課的研究就
不算完成。事實上，這是分工所不可避免的結果。

在人類開始分工之前，原始社群中的人或拓荒者，一切
工作都只為自己或家人而做。他消費的東西，正是他自己生
產出來的。他的產出和他的滿足之間，總有直接和立即的關
聯。

　　但是當細部分工出現，這種直接和立即的關聯就不再存在。我消費的東西，不全是我生產的，我可能只生產其中一樣。我利用生產這種商品，或者提供這種服務得到的收入，購買其他的商品或服務。我希望自己購買的每一樣東西，價格都很低，但是我必須出售的商品或服務，價格很高才對我有好處。因此，雖然我希望其他每一樣東西供應無缺，但是我供應的東西十分稀少，才符合自身的利益。相對於其他每一樣東西，我供應的東西愈是稀少，我從本身的努力得到的報酬就愈高。

　　這並不表示我應該節制本身的努力或本身的產出。事實上，如果供應那種商品或服務的人有一大堆，我只是其中之一，而且這一行業是自由競爭的話，那麼自我限制生產，對我並沒有好處。相反的，假使我是麥農，我會希望自己盡可能豐收。如果我只關心自己的物質福祉，不關懷別人的話，我會希望其他所有麥農的產量盡可能少；小麥（以及可以替代小麥的其他作物）供給稀少，我的收成才能賣到最高的價格。

　　一般來說，這種自利心理對小麥的總產量不會產生任何影響。事實上，只要有競爭存在，每位生產者都會盡最大的努力，在自己的土地上種出最多的作物。所以說，我們得靠自利的力量（不管是好或壞，它比利他心更持久且更具威力）

來使產出最大化。

　　但是如果麥農或其他生產者群體能夠結合起來，消除競爭，而且如果政府允許或鼓勵這種做法，那麼情況就大不相同了。麥農也許能夠說服本國政府——最好是說服世界性的組織——強迫所有的麥農等比例縮減小麥的耕種面積。這麼做可以造成供不應求，提高小麥的價格；而如果每英斗小麥的價格漲幅，大於產量的降幅（很可能發生這種事），那麼整體麥農會過得更好。他們會有更多的收入，能夠購買更多的其他每一樣東西。其他人的日子會變差，因為如果其他條件不變的話，其他人都必須拿出更多自己生產的東西，卻只能買到比較少的小麥。所以小麥少種的數量，就是整個國家財富減少的數量，因此國家變得比較貧窮。但是只將目光放在麥農身上的人，看得到他們獲得的利益，卻沒看到其他方面的損失。

　　這個道理，適用於其他每一種行業。如果因為氣候異常，柑橘的收成突然大增，所有的消費者都能同蒙其利。柑橘的產量增加多少，整個世界就更富裕多少。柑橘會變得比較便宜。但是這個事實，使得全體柑農比以前貧窮，除非供應量增加，能夠補償價格下跌仍有餘。當然了，如果在這種情況下，我的柑橘收成沒有比以前多，我一定會因為普遍性的豐收，導致價格下跌而蒙受損失。

　　對供給面的變化來說真確的事，對需求面來說也是一樣，不管是新發明或新發現，或者品味的變化造成的，都是如此。棉花採收機可以降低每個人購買棉製內衣和襯衫的成本，並且提高整體的財富，但是受雇的棉花採收工人數量會減少。新的紡織機器可以用更快的速度織出更好的衣服，成千上萬部舊機器卻會因為過時而遭到淘汰，投資購買它們的一部分資本價值就此消失不見，擁有那些機器的人當然變得比較貧窮。進一步開發核能發電，可以造福全人類，煤礦和油井的業主卻會大為恐慌。

　　正如沒有一種技術改良不會傷害某個人，大眾的品味或社會風氣的變化也是一樣，即使變好了，也不會不傷害某個人。人心若趨於保守自制，成千上百家酒吧會關門歇業。賭風收斂，賭臺上收付賭資的帳房和賽馬情報販子，只好另謀更具生產力的職業。男人更懂得潔身自愛，世界上最古老的行業，生意將一落千丈。

　　但是民風突然改善，受到傷害的不只是引人使壞的行業。致力改善風氣的人，受害尤大。找牧師告解的人會減少。改革運動人士失去了可以著力的崇高目標。他們所提供的服務，需求和支持的力量會減弱。如果沒人作奸犯科，我們就不需要那麼多律師、法官、消防隊員，也不需要獄吏和鎖匠，甚至可以不要警察（除了需要他們協助解開打結的車

陣之外）。

　　簡單的說，在分工體系之下，我們很難想像，人的需求獲得更大的滿足時，不會傷害到已經作了投資，或者辛辛苦苦地學習技能，以滿足那種需求的一些人，至少暫時性的傷害是免不了。如果各個角落的進步十分平均，那麼整個社群和特殊群體之間的利益對抗，就算被注意到，也不會構成嚴重的問題。如果同一年全球的小麥收成同步增加，我本身的收成等比例增加，如果柑橘和其他所有農產品的收成同時增加，如果所有工業產品的產出也增加，單位生產成本相對下降，那麼我這位麥農不會因為小麥產量增加而受到傷害。我賣出的小麥，每英斗的價格可能下跌。我的產量增加，總收入卻可能減少。但是如果其他每個人的供應量增加，我也能用更便宜的價格買到他們的產品，那就沒有什麼好抱怨的。如果其他每一樣東西的價格跌幅，和我的小麥價格跌幅完全相同，我的日子會和我收成增加的幅度等比例變得更好；其他每個人的日子，也會等比例受益於所有產品與服務供給增加的幅度。

　　但是經濟成長以前不曾，將來也可能永遠不會以這種齊頭並進的方式進行。我們看到的實際情形是，有時某個生產領域往前邁開步子，有時換另一個生產領域有所斬獲。如果我生產的東西，供應量突然大增，或者如果新發明或新發

現，使得我生產的東西不再有人需要，那麼這個世界之所
得，對我和我所屬的產業，卻是一個悲劇。

　　即使在公平無私的觀察者眼裏，最引人注意的，往往不
是供給增加或新發現所帶來那些分散各處的利益，而是集中
在少數人身上的損失。他們對於每個人能買的咖啡數量增多
和價格更為便宜，視而不見；他們看到的，只是咖啡豆價格
下跌，某些農民難以維生。新機器以更低的成本，提高鞋子
的產量，這件事被人忘掉；他們看到的，只是一群男女勞工
失業。體察這些群體的悲慘處境，以系統化的方法去處理，
並且探討經濟進步的一些利益，是否可以用來幫助受害人在
別的地方扮演具有生產力的角色，絕對是我們該做的事，也
是充分了解問題所不可或缺的動作。

　　但是我們的解決方法，絕對不可以是專橫武斷地減少供
給量、阻止進一步的發明或發現，或者去支持某些人繼續執
行已經失去價值的服務。然而我們的世界，竟然利用保護性
關稅、搗毀機器、燒燬咖啡樹、不計其數的限制等種種手
段，一而再，再而三做這些事情。這是透過匱乏來創造財富
的瘋狂理論。

　　令人遺憾的是，如果把特定的生產者群體單獨挑出來考
慮的話，這套理論說起來頭頭是道——如果能讓他們生產的
某種東西供應匱乏，而他們必須購買的其他所有東西不虞匱

乏的話。不過，一旦放眼整體，這套理論卻漏洞百出。它絕
對不能運用於所有的領域。因為那麼做，等於經濟自殺。

　　這是本書最為一般化的教訓形式。我們專注於某個單一
經濟群體時，看起來似乎正確的許多事情，在轉而考慮消費
者和生產者等每一個人的利益時，卻成了虛幻不實的錯覺。

　　看問題時，是看整體，不是看片段。這就是經濟學的目
標。

Part 3

三十年後的這堂課

第26章

三十年後的這堂課

本書第一版於1946年付梓上市。現在，寫這段文字，已經過了三十二年。這段期間，本書前面闡述的教訓，我們學到了多少？

如果我們指的是政治人物，也就是制定和實施政府政策的那些人，那麼他們根本沒學到什麼。相反的，本書分析過的各種政策，遠比第一版問世時要根深柢固和普遍存在，不只美國如此，世界上每個國家都不例外。

通貨膨脹是個十分顯眼的例子。這不只是為了實施而實施的一種政策，也是其他大部分干預政策不可避免的結果。今天，它已經是各國政府遂行干預的普遍象徵。

1946年的版本說明了通貨膨脹的影響，但是當時的通貨膨脹相當輕微。沒錯，雖然美國聯邦政府1926年的支出不到30億美元，而且出現預算剩餘，到了1946會計年度，支出增加到550億美元，赤字為160億美元。1947會計年度，戰

爭結束，支出減為350億美元，剩餘約為40億美元。然而到1978會計年度，支出激增為4,510億美元，赤字高達490億美元。

所有這些，伴隨著貨幣存量大增——從1947年活期存款和銀行外貨幣1,130億美元，增為1978年8月的3,570億美元。換句話說，這段期間，流通的貨幣供給增加了兩倍多。

貨幣增加產生的影響，是物價飛漲。1946年的消費者物價指數是58.5，1978年9月時為199.3。簡言之，物價漲了兩倍多。[1]

前面說過，實施通貨膨脹政策的部分原因，是為了促使物價上漲。四十多年前，凱因斯（John Maynard Keynes）出版《就業、利息與貨幣通論》（*General Theory of Employment, Interest and Money*）一書，及至二十多年前那本書被各種分析和經驗徹底推翻之後，至今仍有不少政治人士繼續建議增加赤字支出，以矯正或者減低目前的失業問題。令人撟舌不下的是，過去四十八年，已有四十一年出現聯邦政府赤字，

---

[1] 經濟學家大衛‧韓德生（David R. Henderson）說：「1939年後的五十六年內，平均每年通貨膨脹率是4.4%。數字看起來雖小，在經過一段長時間後，即使是溫和的通貨膨脹率加起來也十分驚人。其實，那不是用加的，而是用乘的。通貨膨脹和利息一樣，是採複利計算。結果是：自1939年以來，物價上漲了998%。」（資料來源："Fun and Games with Inflation," *Fortune*, March 18, 1996, p.35.）

而且每年的赤字已經高達500億美元左右，他們還提出這種建議。2

更叫人瞠目結舌的是，美國政府官員不以自身採行這種災難性的政策為滿足，竟還責備其他國家（尤其是德國和日本）沒有實施這些「擴張性」的政策。這讓我們想起伊索寓言裏面的狐狸，自己失去尾巴之後，也要勸說其他所有的狐狸都把尾巴去掉。

保留凱因斯迷思，最糟糕的結果之一，是不只將通貨膨脹率愈推愈高，也以系統化的方法轉移注意力，讓人看不到失業的真正成因，例如工會要求的工資率過高、實施最低工資法、失業保險過多和時間過長，以及過分慷慨的救助給付。

不過，雖然通貨膨脹有一部分是刻意造成的，在今天卻主要是政府其他的經濟干預行動造成的後果。簡單的說，那是「重分配型國家」（Redistributive State）的後果——也就是制定各種政策，從彼得那裏徵收錢財，好揮霍在保羅身上。

如果只採用單一措施，例如1970年代初由國會幾個委員會提出並慎重考慮的保證年收入辦法，那麼這個過程會比較

2 1992年時，預算赤字高達2,900億美元。此後，赤字下降到1995年「只有」1,650億美元。（資料來源：*Investor's Business Daily*, October 5, 1995.）

容易追蹤,產生的害處也比較容易顯現出來。這個辦法是對高於平均水準的全部所得,更毫不留情地課稅,並將稅收轉給生活在所謂最低貧窮線以下的所有人,保證他們獲得一定的收入——不管他們有沒有意願去工作——「讓他們活得有尊嚴」。我們很難想像有一種計畫,比這套辦法更堂而皇之地勸阻人們工作和生產,最後讓每一個人都變窮。

但是我們的政府並沒有實施這種單一措施,並且一舉造成災害,而是寧可實施一百種法律,局部和選擇性的重分配。這些措施可能完全無視於某些亟需幫助的群體,卻把十來種不同的福利、補貼和其他給付,往其他的群體手裏猛塞。這些措施,舉其犖犖大者,有:社會安全福利(Social Security)、醫療照護(Medicare)、醫療補助(Medicaid)、失業保險、糧票、補貼住宅、租金補貼、學校午餐、公家機關的「製造工作」、扶養子女之家庭補助,以及針對老人、盲人、殘障人士等實施的各種直接救助。聯邦政府估計,後面這些項目的聯邦救助對象超過四百萬人,這還不包括接受各州和各城市救助的人數。

有位作者最近檢視了不下四十四種的福利計畫。1976年政府在這些計畫上的支出總計達1,870億美元。1971年到1976年,這些計畫的合計平均年成長率為25%,是同期內估計的國民生產毛額(gross national product)成長率的2.5

倍。1979年的預估支出金額超過2,500億美元。在這些福利
支出急劇成長的同時,「國家福利產業」應運而生,現在有
五百萬名公部門和私部門的勞工,所做的工作就是配發給付
和服務給五千萬名受益人。*

其他幾乎每個西方國家,也實施類似的多種救助計畫
——不過,有時整合化程度比較高,危害性較低。為了做這
些事情,它們只好課徵愈來愈重的稅。

只要以英國為例來說明就十分清楚。英國政府對個人從
工作賺取的所得(稱為「勞動」所得)課徵最高達83%的稅
率,從投資賺取的所得(稱為「非勞動」所得)課徵最高達
98%的稅率。這麼高的稅率,導致人們不願意工作和投資,
也嚴重抑制生產和就業,有什麼好奇怪的嗎?騷擾和懲罰雇
主,就業肯定受到抑制。投資誘因消失了,使得人們不願投
資效率更高的新機器和設備,肯定會使工資低迷不振。然而
每個國家的政府,卻實施愈來愈多這樣的政策。[3]

---

* Charles D. Hobbs, *The Welfare Industry* (Washington, D.C.: Heritage
  Foundation, 1978)。

[3] 英國的最高所得稅率是40%,增值稅率是17.5%,資本利得稅率是
  33%(資料來源:*1996 Index of Economic Freedom*, Brian T. Johnson
  and Thomas P. Sheehy, The Heritage Foundation, 1996)。1994年稅收
  占國民生產毛額(GNP)的34%(資料來源:*The Economist*, February
  9, 1995, p.99)。

但是從課徵重稅帶進的收入，趕不上政府為了重新分配財富所採行愈來愈輕率的支出和計畫。結果是世界上幾乎每個國家的政府預算赤字都長期居高不下且日益成長，通貨膨脹率也因此長期攀高。

過去三十年來，紐約花旗銀行（Citibank）一直有記錄十年期的通貨膨脹率變化情形。它所作的計算，是根據各國政府本身發表的生活費用估計值。1977年10月，它在經濟新聞信中，公布五十個國家的通貨膨脹調查資料。舉例來說，迄1976年為止的十年內，表現最好的西德馬克，購買力損失35%；瑞士法郎損失40%，美元損失43%，法國法郎損失50%，日圓損失57%，瑞典克朗損失47%，義大利里拉損失56%，英鎊損失61%。至於拉丁美洲國家，巴西克魯塞羅（cruzeiro）損失89%的價值，烏拉圭、智利、阿根廷披索損失99%以上。

不過，和一兩年前相比，世界各國貨幣貶值的速度比較溫和了。1977年，美元貶值6%，法國法郎8.6%，日圓9.1%，瑞典克朗9.5%，英鎊14.5%，義大利里拉15.7%，西班牙披索17.5%。至於拉丁美洲國家，巴西貨幣單位1977年貶值30.8%，烏拉圭35.5%，智利53.9%，阿根廷65.7%。[4]

我讓讀者自己去想像，這種貨幣貶值速度，對這些國家的經濟會帶來什麼樣的混亂，以及千百萬居民的生活會遭受

多大的痛苦。

　　前面說過，通貨膨脹本身是造成痛苦的成因，可是它又主要是政府採行其他經濟干預政策的後果。這些干預行動無意間說明和凸顯了本書的基本教訓。所有這些政策之所以採行，是認為它們會使某些特殊群體立即受益。採行它們的人，沒有注意它們的次要影響，也就是未能考慮它們對所有群體產生的長期影響。

　　總而言之，三十多年前本書試圖傳達的教訓，每個地方的政治人物似乎都沒學到什麼。

　　依序瀏覽本書各章，我們發現，第一版所極力反對的政府干預形式，仍舊被各國所採行，而且變本加厲。每個地方的政府，仍然試著以公共建設，去解決它們本身的政策造成的失業問題。它們強徵苛稅重賦，日甚一日。它們依然建議擴張信用。大部分政府仍然將「充分就業」列為最高目標。它們繼續實施進口配額和保護性關稅。它們試著進一步讓貨幣貶值，以促進出口。農民仍舊享有「平準價格」。政府對

4　1994年各國貨幣的通貨膨脹率如下：美國2.8%，法國1.7%，日本－2%，瑞典4.5%，英國2.4%，義大利4%，西班牙4.5%，巴西2,500%，烏拉圭40%，智利11%，阿根廷5%（資料來源：*1996 Index of Economic Freedom*, Brian T. Johnson and Thomas P. Sheehy, The Heritage Foundation, 1996）。

獲利欠佳的行業，依舊提供獎勵措施。它們仍然努力「穩定」特定商品的價格。

各國政府採行通貨膨脹政策，把商品價格推高，卻繼續將物價上漲的原因，怪罪到民間生產者、銷售者、「奸商」頭上。它們實施石油和天然氣的價格上限管制，在最需要鼓勵的時候，反而抑制新的開採活動，或訴諸一般性的價格和工資管制或「監控」。在很明顯已造成破壞的時候，它們仍繼續實施租金管制。當很明顯已造成長期性失業的時候，它們不只保留最低工資法，更持續提高工資水準。它們不斷通過法律，給予工會特權和豁免權；要求勞工加入工會；容忍大規模的罷工糾察和其他的脅迫形式；強迫雇主和這些工會「心懷善意，集體談判」——也就是至少對工會的要求作若干讓步。所有這些措施的用意，是要「幫助勞工」，結果卻是一再製造和拉長失業問題，並使總工資支出金額低於可能應有的水準。

大部分政治人物繼續漠視利潤的必要性、高估平均利潤或總淨利的水準、指摘任何地方出現的不正常利潤、對它們課徵重稅，有時甚至對利潤的存在表示遺憾。

這種反資本主義的心態，似乎比以前更加根深柢固。每當景氣滑落，政治人物總是認為主因出在「消費者支出不足」。在他們鼓勵消費者增加支出的同時，對儲蓄和投資施

加了更多的反誘因和懲罰。我們說過，今天他們的主要做法，是著手推動通貨膨脹或加快通貨膨脹的腳步。結果是有史以來第一次，沒有一個國家採行金屬本位制，而且幾乎每個國家都以印製長期持續貶值的紙幣，訛詐本國人民。

除了上面所說的種種例子，我們再來看最近的一種傾向。不只美國，連其他國家也是一樣，幾乎每一種「社會」計畫一旦推行，就會完全失控。我們已經談過整體的狀況，現在來更仔細地探討一個醒目的例子──美國的社會安全福利制度。

原始的聯邦社會安全福利法於1935年通過。實施這個法律背後的理論，在於社會救濟的問題有一大部分出於人們有工作所得時沒把錢存下來，等到年老體衰，便無積蓄可用。立法者認為，如果強迫他們給自己保險，也強迫雇主提撥一半的保費，那麼到了六十五歲或更高的退休年齡，他們就會有足夠的退休金可用。如此一來，問題就解決了。社會安全福利是根據嚴格的精算原則，設計成完全自償性的保險。立法者設立一筆準備基金，足以因應將來的理賠申請和到期時的給付。

但是實際的運作全然不是這個樣子。準備基金只在帳面上存在。社會安全福利的稅收進來之後，政府用於支應一般性的費用或者供作福利給付。自1975年以來，當期的福利給

付已經超過這套制度的稅收。

而且幾乎每一次的國會會期，都會找到一些名目，增加福利給付、擴大保障範圍、增加新的「社會保險」形式。1965年，加進醫療照護計畫之後的幾個星期，一位評論家指出：「過去七次大選年，社會安全福利年年擴增。」

隨著通貨膨脹的形成和發展，社會安全福利給付不只是等比例增加，而且增加得更多。政治上運用的手法，是現在給付，將來買單。不過將來總會到來；每過幾年，國會就必須再次對勞工和雇主提高薪資稅。

除了稅率持續升高，必須課稅的薪資也節節上漲。根據1935年的原始法律，需要課稅的薪資只有前3,000美元。早年的稅率很低。但是1965年到1977年，社會安全福利稅從前6,600美元的勞動所得課徵4.4%（雇主和員工都課稅），激增為前16,500美元合計課徵11.7%。（從1960年到1977年，年度總稅收增加了572%，合年複利約12%。計畫中的漲幅更高。）

1977年起，官方估計的社會安全福利制度無備資負債（unfunded liabilities）高達4.1兆美元。[5]

---

[5] 現在的社會安全福利稅率是15.3%（1996年）。據估計，到2010年，這個計畫將失去償債能力。

今天沒有人能說，社會安全福利真的是一套保險計畫，或只是一套厚此薄彼的複雜救助制度。目前的福利受領人，絕大多數都因為聽到福利是他們「賺來的」，或者「花錢買來的」，所以領得心安理得。可是，沒有一家私人保險公司，有能力從實際收取的「保費」，支付現有的福利規模。1978年初，低收入勞工退休的時候，每月領取的福利通常是工作所得的60%左右。中等收入勞工領取約45%。薪資非常高的人，領取5%到10%間。如果我們把社會安全福利視為救助制度，那就是很奇怪的一種救助制度，因為已經領取最高薪資的人，所領得的福利金額也是最高的！

不過，今天的社會安全福利仍然神聖不可侵犯。國會議員如果膽敢提議刪除或縮減現在或未來的給付，那無異於政治自殺。幾乎任何國家級的救助、重分配或「保險」辦法，一旦啟動，十之八九會完全失控的傾向，美國的社會安全福利正是驚人的例證。

簡單的說，我們今天面對的主要問題，不是經濟上的，而是政治上的。優秀的經濟學家們，對於我們應該怎麼做，已經獲得相當強的共識。政府重分配財富和所得的努力，往往會窒息生產誘因，並且造成普遍的貧窮。政府該做的事，是建立和執行一套法律架構，禁止暴力和詐欺。政府不該做的事，是干預特定的經濟活動。政府的主要經濟職能，是鼓

勵和維護自由市場。亞歷山大大帝去拜訪哲學家第歐根尼（Diogenes），問到能為他做什麼事的時候，據說第歐根尼答道：「那麼，請少擋在我和太陽之間。」每位公民都有權對政府這麼要求。

展望未來，前途一片黑暗，但不是全無希望。總有某些地方，陽光會破雲而出。愈來愈多人曉得，除非先從某些人——或者他們自己——那裏拿走什麼東西，否則政府沒辦法給他們什麼。免費送給特定群體一些東西，必然需要加重稅負，或者增加赤字和提高通貨膨脹。通貨膨脹最後一定會引導生產走上錯誤的方向和導致生產紊亂失序。少數一些政治人物也開始認清這一點，有些人甚至清楚明白地把它講出來。

此外，知識分子的理論風向，也有了明顯的轉移。凱因斯學派和新政支持者似乎慢慢消聲了。保守派、自由派和自由企業的其他捍衛者，聲音開始大了起來，也敢於更公開地闡述他們的理念。而且，這樣的人愈來愈多。在年輕一輩中，知所節制的「奧地利」經濟學者快速崛起。

在目前的各種措施造成傷害、大勢已去之前，公共政策改弦易轍的希望應該相當濃厚。

後記與參考書目

　　想要多讀點經濟學的人，應該找中等厚度和中等難度的書來看。就我所知，目前並沒有完全符合這種需求的著作，但是有幾本書，合起來可以滿足你的求知慾。法斯提諾·波夫（Faustino Ballvé）寫了一本很棒的小書《經濟學精要》（*Essentials of Economics*, Irvington-on-Hudson, N.Y.: Foundation for Economic Education；126頁），簡短地彙總各種原則和政策。類似主題的書，另外有柏西·葛利夫茲（Percy L. Greaves）所寫、比較厚的《探討美元危機》（*Understanding the Dollar Crisis*, Belmont, Mass.: Western Islands, 1973；327頁）。貝蒂娜·碧恩·葛利夫茲（Bettina Bien Greaves）編纂了兩冊的《自由市場經濟學》（*Free Market Economics*, Foundation for Economic Education）選讀。

　　想要徹底了解經濟學，而且覺得已經做好了準備的讀

者，接下來應該看魯威格・米塞斯（Ludwig von Mises）寫
的《人的行為》（*Human Action*, Chicago: Contemporary
Books, 1949, 1966；907頁；中譯本五南出版）。這本書的邏
輯單一性和經濟學的精準度，超越前面任何一本著作。《人
的行為》出書後十三年，米塞斯的學生莫瑞・羅斯巴德
（Murray N. Rothbard）寫了兩冊的《人、經濟與國家》（*Man,
Economy, and State*, Mission, Kan.: Sheed, Andrews and
McMeel, 1962；987頁）。書中有不少洞察入微的創見；解說
流暢易懂；結構安排在某些方面比米塞斯的巨著更適合做為
教科書。

用簡單的方式討論特殊經濟主題的小書，包括米塞斯的
《規畫自由》（*Planning for Freedom*, South Holland, Ill.:
Libertarian Press, 1952），以及米爾頓・傅利曼（Milton
Friedman）的《資本主義與自由》（*Capitalism and Freedom*,
Chicago: University of Chicago Press, 1962；中譯本五南出
版）。羅斯巴德寫了一本很棒的小書《貨幣簡史》（*What Has
Government Done to Our Money?*, Santa Ana, Calif.: Rampart
College, 1964, 1974；62頁；中譯本經濟新潮社出版）。至於
十分迫切的通貨膨脹問題，本書作者最近發表了《通貨膨脹
危機，以及解決之道》（*The Inflation Crisis, and How to
Resolve It*, New Rochelle, N.Y.: Arlington House, 1978）一書。

從和這本書類似的觀點，探討當前的意識形態與發展的著作，有本書作者的《「新經濟學」敗筆：分析凱因斯的謬論》(*The Failure of the "New Economics": An Analysis of the Keynesian Fallacies*, Arlington House, 1959)；海耶克（F. A. Hayek）的《到奴役之路》(*The Road to Serfdom*, 1945；中譯本台大出版中心出版)，以及同一作者的巨著《自由的憲章》(*Constitution of Liberty*, Chicago: University of Chicago Press, 1960)。米塞斯的《社會主義：經濟與社會分析》(*Socialism: An Economic and Sociological Analysis*, London: Jonathan Cape, 1936, 1969)，對集體主義的教條展開有史以來最徹底和殺傷力最強的批判。

讀者當然不應該忘了佛烈德瑞克·巴斯夏（Frederic Bastiat）的《經濟詭辯》(*Economic Sophisms*，同上，1844)，尤其是他寫的〈看得見與看不見的〉(What Is Seen and What Is Not Seen) 一文（收錄於《看得見與看不見的經濟效應》經濟新潮社出版)。

對經典經濟學著作感興趣的人，由近而遠去看它們，收穫可能最大。依主要著作第一版的出版日期，由近而遠羅列如下：菲力浦·魏克斯提（Philip Wicksteed）的《政治經濟常識》(*The Common Sense of Political Economy*, 1911)；約翰·貝茨·柯拉克（John Bates Clark）的《財富分配》(*The*

Distribution of Wealth, 1899）；尤金・龐巴衛克（Eugen von Böhm-Bawerk）的《資本實證論》（*The Positive Theory of Capital*, 1888）；卡爾・孟格（Karl Menger）的《經濟學原理》（*Principles of Economics*, 1871）；史坦利・傑逢斯（W. Stanley Jevons）的《政治經濟理論》（*The Theory of Political Economy*, 1871）；約翰・彌爾（John Stuart Mill）的《政治經濟原理》（*Principles of Political Economy*, 1848）；大衛・李嘉圖（David Ricardo）的《政治經濟與財稅原理》（*Principles of Political Economy and Taxation*, 1817）；亞當・斯密（Adam Smith）的《國富論》（*The Wealth of Nations*, 1776，中譯本先覺出版）。

　　經濟學會往無數個方向擴展，例如貨幣與銀行、對外貿易與外匯、財稅與公共金融、政府管制、資本主義與社會主義、工資與勞資關係、利息與資本、農業經濟學、租金、價格、利潤、市場、競爭與獨占、價值與效用、統計學、景氣循環、財富與貧窮、社會保險、住宅、公共事業、數理經濟學、特定產業與經濟史的研究。但是除非先對基本的經濟原理，以及所有經濟因素和經濟力量之間複雜的相互關係有深刻了解，否則不可能適當地理解上面所說的任何一種特殊領域。讀過一般性的經濟學之後，才有能力在自己感興趣的領域，選擇合適的書籍。

書　號	書　　　名	作　　者	定價
QB1008	殺手級品牌戰略：高科技公司如何克敵致勝	保羅・泰柏勒、李國彰	280
QB1015X	六標準差設計：打造完美的產品與流程	舒伯・喬賀瑞	360
QB1016X	我懂了！六標準差設計：產品和流程一次OK！	舒伯・喬賀瑞	260
QB1021X	最後期限：專案管理101個成功法則	湯姆・狄馬克	360
QB1023	人月神話：軟體專案管理之道	Frederick P. Brooks, Jr.	480
QB1024X	精實革命：消除浪費、創造獲利的有效方法（十週年紀念版）	詹姆斯・沃馬克、丹尼爾・瓊斯	550
QB1026X	與熊共舞：軟體專案的風險管理（經典紀念版）	湯姆・狄馬克、提摩西・李斯特	480
QB1027X	顧問成功的祕密（10週年智慧紀念版）：有效建議、促成改變的工作智慧	傑拉爾德・溫伯格	400
QB1028X	豐田智慧：充分發揮人的力量（經典暢銷版）	若松義人、近藤哲夫	340
QB1042	溫伯格的軟體管理學：系統化思考（第1卷）	傑拉爾德・溫伯格	650
QB1044X	邏輯思考的技術：寫作、簡報、解決問題的有效方法（經典紀念版）	照屋華子、岡田惠子	360
QB1045	豐田成功學：從工作中培育一流人才！	若松義人	300
QB1051X	從需求到設計：如何設計出客戶想要的產品（十週年紀念版）	唐納德・高斯、傑拉爾德・溫伯格	580
QB1052C	金字塔原理：思考、寫作、解決問題的邏輯方法	芭芭拉・明托	480
QB1055X	感動力	平野秀典	250
QB1058	溫伯格的軟體管理學：第一級評量（第2卷）	傑拉爾德・溫伯格	800
QB1059C	金字塔原理II：培養思考、寫作能力之自主訓練寶典	芭芭拉・明托	450
QB1062X	發現問題的思考術	齋藤嘉則	450
QB1063	溫伯格的軟體管理學：關照全局的管理作為（第3卷）	傑拉爾德・溫伯格	650
QB1069X	領導者，該想什麼？：運用MOI（動機、組織、創新），成為真正解決問題的領導者	傑拉爾德・溫伯格	450
QB1070X	你想通了嗎？：解決問題之前，你該思考的6件事	唐納德・高斯、傑拉爾德・溫伯格	320
QB1071X	假說思考：培養邊做邊學的能力，讓你迅速解決問題	內田和成	360
QB1075X	學會圖解的第一本書：整理思緒、解決問題的20堂課	久恆啟一	360
QB1076X	策略思考：建立自我獨特的insight，讓你發現前所未見的策略模式	御立尚資	360

書　號	書　　名	作　者	定價
QB1080	從負責到當責：我還能做些什麼，把事情做對、做好？	羅傑・康納斯、湯姆・史密斯	380
QB1082X	論點思考：找到問題的源頭，才能解決正確的問題	內田和成	360
QB1091	溫伯格的軟體管理學：擁抱變革（第4卷）	傑拉爾德・溫伯格	980
QB1092	改造會議的技術	宇井克己	280
QB1093	放膽做決策：一個經理人1000天的策略物語	三枝匡	350
QB1094	開放式領導：分享、參與、互動──從辦公室到塗鴉牆，善用社群的新思維	李夏琳	380
QB1095X	華頓商學院的高效談判學（經典紀念版）：讓你成為最好的談判者！	理查・謝爾	430
QB1098X	Curation策展的時代：為碎片化資訊找到連結	佐佐木俊尚	370
QB1100X	Facilitation引導學：有效提問、促進溝通、形成共識的關鍵能力	堀公俊	370
QB1101X	體驗經濟時代（20週年紀念版）：如何設計體驗，抓住顧客的時間、注意力和金錢	約瑟夫・派恩、詹姆斯・吉爾摩	460
QB1102X	最極致的服務最賺錢：麗池卡登、寶格麗、迪士尼都知道，服務要有人情味，讓顧客有回家的感覺	李奧納多・英格雷利・麥卡・所羅門	350
QB1107	當責，從停止抱怨開始：克服被害者心態，才能交出成果、達成目標！	羅傑・康納斯、湯瑪斯・史密斯、克雷格・希克曼	380
QB1108X	增強你的意志力：教你實現目標、抗拒誘惑的成功心理學	羅伊・鮑梅斯特、約翰・堤爾尼	380
QB1109	Big Data大數據的獲利模式：圖解、案例、策略、實戰	城田真琴	360
QB1110X	華頓商學院教你看懂財報，做出正確決策	理查・蘭柏特	360
QB1111C	V型復甦的經營：只用二年，徹底改造一家公司！	三枝匡	500
QB1112X	如何衡量萬事萬物（經典紀念版）：做好量化決策、分析的有效方法	道格拉斯・哈伯德	500
QB1114X	永不放棄：我如何打造麥當勞王國（經典紀念版）	雷・克洛克、羅伯特・安德森	380
QB1117X	改變世界的九大演算法：讓今日電腦無所不能的最強概念（暢銷經典版）	約翰・麥考米克	380
QB1120X	Peopleware：腦力密集產業的人才管理之道（經典紀念版）	湯姆・狄馬克、提摩西・李斯特	460
QB1121	創意，從無到有（中英對照╳創意插圖）	楊傑美	280

經濟新潮社 〈經營管理系列〉

書　號	書　　名	作　　者	定價
QB1123	從自己做起，我就是力量：善用「當責」新哲學，重新定義你的生活態度	羅傑・康納斯、湯姆・史密斯	280
QB1124	人工智慧的未來：揭露人類思維的奧祕	雷・庫茲威爾	500
QB1125	超高齡社會的消費行為學：掌握中高齡族群心理，洞察銀髮市場新趨勢	村田裕之	360
QB1126X	【戴明管理經典】轉危為安：管理十四要點的實踐（修訂版）	愛德華・戴明	750
QB1127	【戴明管理經典】新經濟學：產、官、學一體適用，回歸人性的經營哲學	愛德華・戴明	450
QB1129	系統思考：克服盲點、面對複雜性、見樹又見林的整體思考	唐內拉・梅多斯	450
QB1132	本田宗一郎自傳：奔馳的夢想，我的夢想	本田宗一郎	350
QB1133	BCG頂尖人才培育術：外商顧問公司讓人才發揮潛力、持續成長的祕密	木村亮示、木山聰	360
QB1134	馬自達Mazda技術魂：駕馭的感動，奔馳的祕密	宮本喜一	380
QB1135	僕人的領導思維：建立關係、堅持理念、與人性關懷的藝術	麥克斯・帝普雷	300
QB1136	建立當責文化：從思考、行動到成果，激發員工主動改變的領導流程	羅傑・康納斯、湯姆・史密斯	380
QB1137	黑天鵝經營學：顛覆常識，破解商業世界的異常成功個案	井上達彥	420
QB1138	超好賣的文案銷售術：洞悉消費心理，業務行銷、社群小編、網路寫手必備的銷售寫作指南	安迪・麥斯蘭	320
QB1139X	我懂了！專案管理（暢銷紀念版）	約瑟夫・希格尼	400
QB1140	策略選擇：掌握解決問題的過程，面對複雜多變的挑戰	馬丁・瑞夫斯、納特・漢拿斯、詹美賈亞・辛哈	480
QB1141X	說話的本質：好好傾聽、用心說話，話術只是技巧，內涵才能打動人	堀紘一	340
QB1143	比賽，從心開始：如何建立自信、發揮潛力，學習任何技能的經典方法	提摩西・高威	330
QB1144	智慧工廠：迎戰資訊科技變革，工廠管理的轉型策略	清威人	420
QB1145	你的大腦決定你是誰：從腦科學、行為經濟學、心理學，了解影響與說服他人的關鍵因素	塔莉・沙羅特	380
QB1146	如何成為有錢人：富裕人生的心靈智慧	和田裕美	320

書　號	書　　名	作　　者	定價
QB1147	用數字做決策的思考術：從選擇伴侶到解讀財報，會跑Excel，也要學會用數據分析做更好的決定	GLOBIS商學院著、鈴木健一執筆	450
QB1148	向上管理‧向下管理：埋頭苦幹沒人理，出人頭地有策略，承上啟下、左右逢源的職場聖典	蘿貝塔‧勤斯基‧瑪圖森	380
QB1149	企業改造（修訂版）：組織轉型的管理解謎，改革現場的教戰手冊	三枝匡	550
QB1150	自律就是自由：輕鬆取巧純屬謊言，唯有紀律才是王道	喬可‧威林克	380
QB1151	高績效教練：有效帶人、激發潛力的教練原理與實務（25週年紀念增訂版）	約翰‧惠特默爵士	480
QB1152	科技選擇：如何善用新科技提升人類，而不是淘汰人類？	費維克‧華德瓦、亞歷克斯‧沙基佛	380
QB1153	自駕車革命：改變人類生活、顛覆社會樣貌的科技創新	霍德‧利普森、梅爾芭‧柯曼	480
QB1154	U型理論精要：從「我」到「我們」的系統思考，個人修練、組織轉型的學習之旅	奧圖‧夏默	450
QB1155	議題思考：用單純的心面對複雜問題，交出有價值的成果，看穿表象、找到本質的知識生產術	安宅和人	360
QB1156	豐田物語：最強的經營，就是培育出「自己思考、自己行動」的人才	野地秩嘉	480
QB1157	他人的力量：如何尋求受益一生的人際關係	亨利‧克勞德	360
QB1158	2062：人工智慧創造的世界	托比‧沃爾許	400
QB1159X	機率思考的策略論：從機率的觀點，充分發揮「數學行銷」的力量	森岡毅、今西聖貴	550
QB1160X	領導者的七種原型：克服弱點、強化優點，重新認識自己，跨越領導力鴻溝！	洛麗‧達絲卡	380
QB1161	右腦思考：善用直覺、觀察、感受，超越邏輯的高效工作法	內田和成	360
QB1162	圖解智慧工廠：IoT、AI、RPA如何改變製造業	松林光男審閱、川上正伸、新堀克美、竹內芳久編著	420
QB1164	創意思考的日常練習：活用右腦直覺，重視感受與觀察，成為生活上的新工作力！	內田和成	360
QB1165	高説服力的文案寫作心法：為什麼你的文案沒有效？教你潛入顧客內心世界，寫出真正能銷售的必勝文案！	安迪‧麥斯蘭	450

経濟新潮社　　　　　　　〈經營管理系列〉

書　號	書　　　名	作　者	定價
QB1166	精實服務：將精實原則延伸到消費端，全面消除浪費，創造獲利（經典紀念版）	詹姆斯‧沃馬克、丹尼爾‧瓊斯	450
QB1167	助人改變：持續成長、築夢踏實的同理心教練法	理查‧博雅吉斯、梅爾文‧史密斯、艾倫‧凡伍思坦	380
QB1168	刪到只剩二十字：用一個強而有力的訊息打動對方，寫文案和說話都用得到的高概念溝通術	利普舒茲信元夏代	360
QB1169	完全圖解物聯網：實戰‧案例‧獲利模式　從技術到商機、從感測器到系統建構的數位轉型指南	八子知礼編著；杉山恒司等合著	450
QB1170	統計的藝術：如何從數據中了解事實，掌握世界	大衛‧史匹格哈特	580
QB1171	解決問題：克服困境、突破關卡的思考法和工作術	高田貴久、岩澤智之	450
QB1172	Metadata後設資料：精準搜尋、一找就中，數據就是資產。教你活用「描述資料的資料」，加強資訊的連結和透通	傑福瑞‧彭蒙藍茲	420
QB1173	銷售洗腦：「謝了！我只是看看」當顧客這麼說，你要怎麼辦？輕鬆帶著顧客順利成交的業務魔法	哈利‧佛里曼	380
QB1174	提問的設計：運用引導學，找出對的課題，開啟有意義的對話	安齋勇樹、塩瀨隆之	480
QB1175	時基競爭：快商務如何重塑全球市場	喬治‧史托克、湯瑪斯‧郝特	480
QB1176	決戰庫存：連結客戶與供應商，一本談供應鏈管理的小說	程曉華	480
QB1177X	內省的技術（新版）：勇敢了解自我、願意真心傾聽，培養主動學習的能力，讓自己和組織更強大！	熊平美香	480
QB1178	打造敏捷企業：在多變的時代，徹底提升組織和個人效能的敏捷管理法	戴瑞‧里格比、莎拉‧艾柯、史帝夫‧貝瑞茲	520
QB1179	鑽石心態：運動心理學教你打造強健的心理素質，跨越比賽與人生的難關	麥特‧費茲傑羅	480
QB1180	圖解豐田生產方式（暢銷紀念版）	豐田生產方式研究會	350
QB1181	西蒙學習法：如何在短時間內快速學會新知識	友榮方略	360
QB1182	敏捷思考的高績效工作術：在沒有答案的時代，繼續生存的職場五力	坂田幸樹	450

書　號	書　名	作　者	定價
QC1014Y	一課經濟學（50週年經典紀念版）	亨利·赫茲利特	380
QC1016X	致命的均衡：哈佛經濟學家推理系列	馬歇爾·傑逢斯	300
QC1019X	邊際謀殺：哈佛經濟學家推理系列	馬歇爾·傑逢斯	300
QC1020X	奪命曲線：哈佛經濟學家推理系列	馬歇爾·傑逢斯	300
QC1026X	選擇的自由（40週年紀念版）	米爾頓·傅利曼	500
QC1027X	洗錢	橘玲	380
QC1034X	通膨、美元、貨幣的一課經濟學：對總體經濟的影響	亨利·赫茲利特	350
QC1036X	1929年大崩盤	約翰·高伯瑞	380
QC1039X	贏家的詛咒（經典紀念版）：不理性的行為，如何影響決策？	理查·塞勒	480
QC1040	價格的祕密	羅素·羅伯茲	320
QC1043	大到不能倒：金融海嘯內幕真相始末	安德魯·羅斯·索爾金	650
QC1044X	貨幣簡史：你不能不知道的通膨真相	莫瑞·羅斯巴德	350
QC1048X	搶救亞當斯密：一場財富、轉型與道德的思辨之旅	強納森·懷特	400
QC1052	生個孩子吧：一個經濟學家的真誠建議	布萊恩·卡普蘭	290
QC1055	預測工程師的遊戲：如何應用賽局理論，預測未來，做出最佳決策	布魯斯·布恩諾·德·梅斯奎塔	390
QC1060	肯恩斯城邦：穿越時空的經濟學之旅	林睿奇	320
QC1061	避稅天堂	橘玲	380
QC1062	平等與效率：最基礎的一堂政治經濟學（40週年紀念增訂版）	亞瑟·歐肯	320
QC1063	我如何在股市賺到200萬美元（經典紀念版）	尼可拉斯·達華斯	320
QC1064	看得見與看不見的經濟效應：為什麼政府常犯錯、百姓常遭殃？人人都該知道的經濟真相	弗雷德里克·巴斯夏	320
QC1066	百辯經濟學：為娼妓、皮條客、毒販、吸毒者、誹謗者、偽造貨幣者、高利貸業者、為富不仁的資本家……這些「背德者」辯護	瓦特·布拉克	380
QC1067	個體經濟學 入門的入門：看圖就懂！10堂課了解最基本的經濟觀念	坂井豐貴	320
QC1068X	了解總體經濟的第一本書（經典紀念版）：想要看懂全球經濟變化，你必須懂這些	大衛·莫斯	360
QC1069	貿易戰爭：誰獲利？誰受害？解開自由貿易與保護主義的難解之謎	羅素·羅伯茲	340

書　號	書　　名	作　者	定價
QC1070	如何活用行為經濟學：解讀人性，運用推力，引導人們做出更好的行為，設計出更有效的政策	大竹文雄	360
QC1071	愛上經濟：一個談經濟學的愛情故事（暢銷紀念版）	羅素‧羅伯茲	340
QC1072	企業的本質：從經濟學的觀點來看	泰勒‧柯文	400
QC1073	經濟學教我的思考武器：關於幸福和金錢的思考	新井明、柳川範之、新井紀子、e-教室	340
QC1074	從「利率」看經濟：看懂財經大勢，學會投資理財	上野泰也	450

國家圖書館出版品預行編目資料

一課經濟學/亨利.赫茲利特(Henry Hazlitt)著 ; 羅耀宗譯.
-- 三版. -- 臺北市 : 經濟新潮社出版 : 英屬蓋曼群島
商家庭傳媒股份有限公司城邦分公司發行, 2023.12
面 ; 公分. -- (經濟趨勢 ; 14)
50 週年經典紀念版
譯自 : Economics in one lesson.
ISBN 978-626-7195-51-2(平裝)

1.CST: 經濟學

550   112019122